| | |
|---|---|
| Szkoła - iskola | 2 |
| Podróż - utazás | 5 |
| Transport - közlekedés | 8 |
| Miasto - város | 10 |
| Krajobraz - táj | 14 |
| Restauracja - étterem | 17 |
| Supermarket - szupermarket | 20 |
| Napoje - italok | 22 |
| Jedzenie - étel | 23 |
| Gospodarstwo chłopskie - gazdálkodás | 27 |
| Dom - ház | 31 |
| Pokój dzienny - nappali | 33 |
| Kuchnia - konyha | 35 |
| Łazienka - fürdőszoba | 38 |
| Pokój dziecięcy - gyerekszoba | 42 |
| Ubiór - ruházat | 44 |
| Biuro - iroda | 49 |
| Gospodarka - gazdaság | 51 |
| Zawody - foglalkozások | 53 |
| Narzędzia - szerszámok | 56 |
| Instrumenty muzyczne - hangszerek | 57 |
| Zoo - állatkert | 59 |
| Sport - sportok | 62 |
| Działania - tevékenységek | 63 |
| Rodzina - család | 67 |
| Ciało - test | 68 |
| Szpital - kórház | 72 |
| Nagły przypadek - vészhelyzet | 76 |
| Ziemia - föld | 77 |
| Zegar - óra | 79 |
| Tydzień - hét | 80 |
| Rok - év | 81 |
| Kształty - alakzatok | 83 |
| Kolory - színek | 84 |
| Przeciwieństwa - ellentétek | 85 |
| Liczby - számok | 88 |
| Języki - nyelvek | 90 |
| kto / co / jak - ki / mi / hogyan | 91 |
| gdzie - hol | 92 |

Impressum
Verlag: BABADADA GmbH, Nedderfeld 112 , 22529 Hamburg
Geschäftsführer / Verlagsleitung: Harald Hof
Druck: Books on Demand GmbH, In de Tarpen 42, 22848 Norderstedt

Imprint
Publisher: BABADADA GmbH, Nedderfeld 112 , 22529 Hamburg, Germany
Managing Director / Publishing direction: Harald Hof
Print: Books on Demand GmbH, In de Tarpen 42, 22848 Norderstedt, Germany

# Szkoła
# iskola

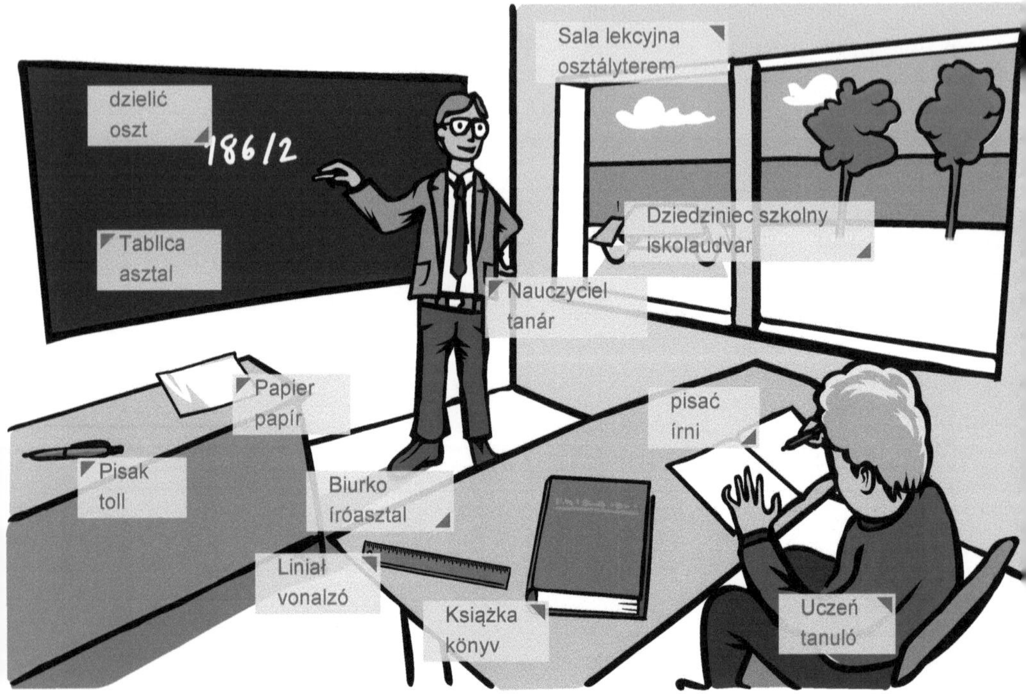

Sala lekcyjna
osztályterem
dzielić
oszt
186/2
Tablica
asztal
Dziedziniec szkolny
iskolaudvar
Nauczyciel
tanár
Papier
papír
pisać
írni
Pisak
toll
Biurko
íróasztal
Liniał
vonalzó
Książka
könyv
Uczeń
tanuló


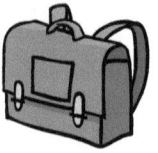

Plecak szkolny
.....................
iskolatáska

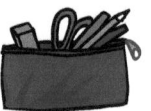

Piórnik
.....................
tolltartó

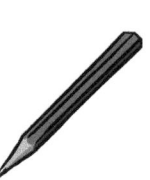

Ołówek
.....................
ceruza

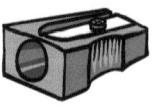

Temperówka
.....................
ceruzahegyező

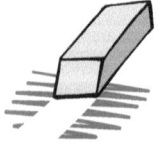

Gumka do mazania
.....................
radír

Blok rysunkowy
.....................
rajzfüzet

| | | |
|---|---|---|
|  |  |  |
| Rysunek | Pędzel | Pudełko z akwarelami |
| rajz | ecset | festőkészlet |
|  |  |  |
| Nożyce | Klej | Książka do ćwiczenia |
| olló | ragasztó | munkafüzet |
|  |  |  |
| Zadanie domowe | Liczba | dodawać |
| házi feladat | szám | összead |
|  |  |  |
| odejmować | mnożyć | liczyć |
| kivon | szoroz | számol |
|  | |  |
| Litera | Alfabet | Słowo |
| betű | ABC | szó |

Tekst

szöveg

czytać

olvasni

Kreda

kréta

Godzina

tanóra

Dziennik lekcyjny

napló

Egzamin

vizsga

Świadectwo

bizonyítvány

Mundurek szkolny

iskolai egyenruha

Wykształcenie

oktatás

Leksykon

enciklopédia

Uniwersytet

egyetem

Mikroskop

mikroszkóp

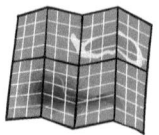

Mapa

térkép

Kosz na odpadki

papír-hulladék gyűjtő

# Podróż
# utazás

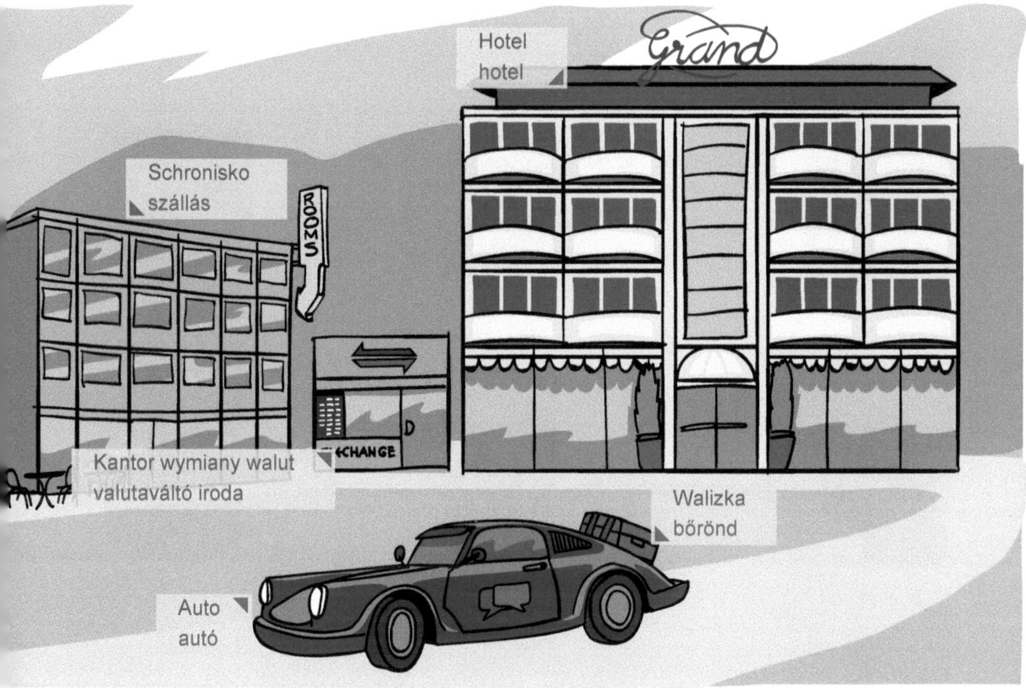
Hotel
hotel
Grand
Schronisko
szállás
ROOMS
Kantor wymiany walut
valutaváltó iroda
EXCHANGE
Walizka
bőrönd
Auto
autó

Język
nyelv

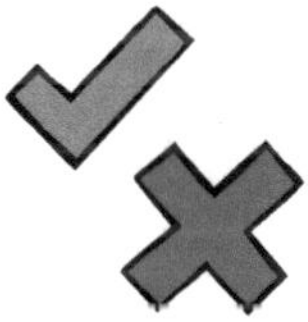

tak / nie
igen/nem

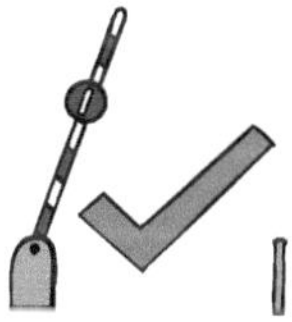

OK
rendben

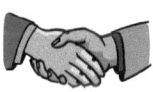

Halo
szia

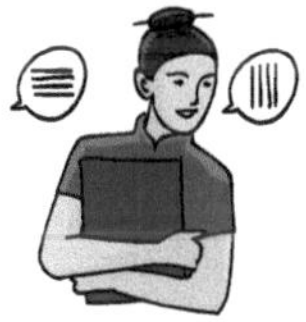

Tłumacz
fordító

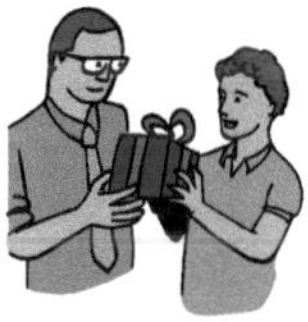

Dziękuję
köszönöm

Ile kosztuje ...?

mennyibe kerül...?

Nie rozumiem

nem értem

Problem

probléma

Dobry wieczór!

Jó estét!

Dzień dobry!

jó reggelt!

Dobranoc!

jó éjszakát!

Do widzenia

viszontlátásra

Kierunek

útirány

Bagaż

poggyász

Torba

táska

Plecak

hátizsák

Gość

vendég

Pokój

szoba

Śpiwór

hálózsák

Namiot

sátor

| | | |
|---|---|---|
|  |  |  |
| Informacja turystyczna | Plaża | Karta kredytowa |
| turista információ | strand | hitelkártya |
|  |  |  |
| Śniadanie | Obiad | Kolacja |
| reggeli | ebéd | vacsora |
|  |  |  |
| Bilet | Winda | Znaczek na list |
| jegy | lift | bélyeg |
|  |  |  |
| Granica | Cło | Ambasada |
| határ | vám | nagykövetség |
|  |  | |
| Wiza | Paszport | |
| vízum | útlevél | |

# Transport
# közlekedés

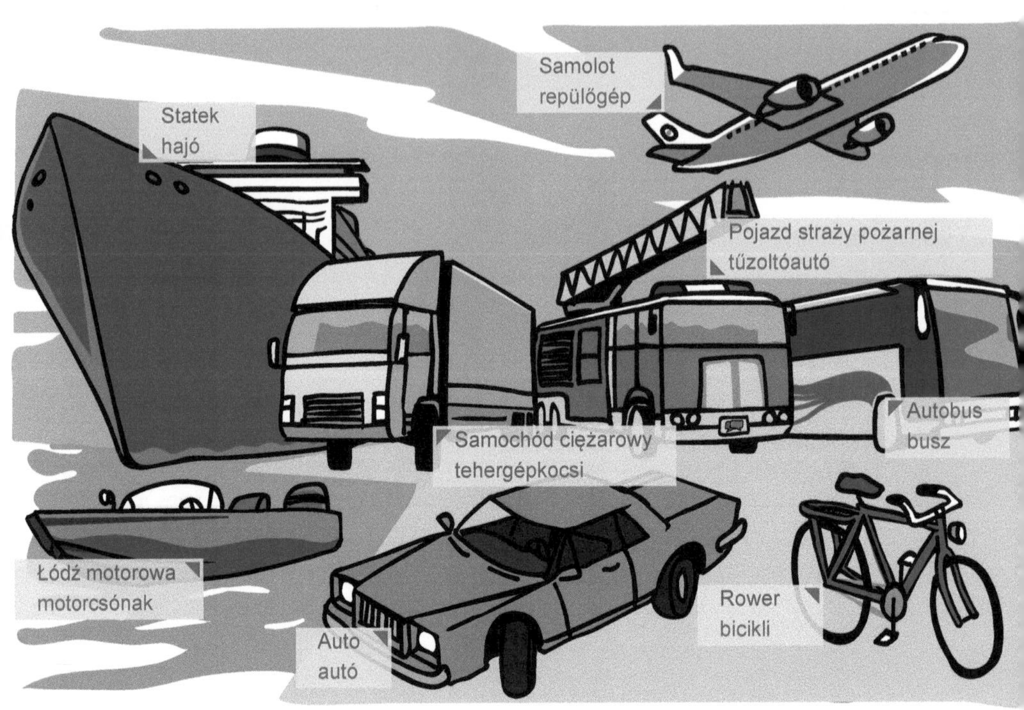
Samolot
repülőgép
Statek
hajó
Pojazd straży pożarnej
tűzoltóautó
Autobus
busz
Samochód ciężarowy
tehergépkocsi
Łódź motorowa
motorcsónak
Rower
bicikli
Auto
autó

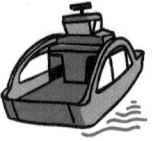

Prom

komp

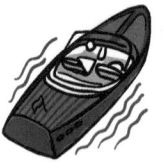

Łódź

csónak

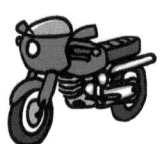

Motocykl

motorkerékpár

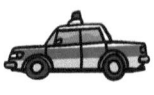

Radiowóz policyjny

rendőrautó

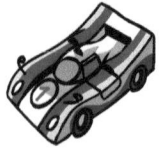

Samochód wyścigowy

versenyautó

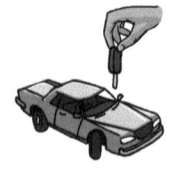

Samochód wypożyczony

bérautó

Wspólne przejazdy
samochodem
telekocsi

Samochód pomocy
drogowej
vontató

Śmieciarka
........................
szemetes autó

Silnik
........................
motor

Benzyna
........................
üzemanyag

Stacja benzynowa
........................
benzinkút

Znak drogowy
........................
közlekedési tábla

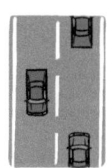

Ruch
........................
forgalom

Korek
........................
forgalmi dugó

Parking
........................
parkoló

Dworzec
........................
vonatállomás

Szyny
........................
sínek

Pociąg
........................
vonat

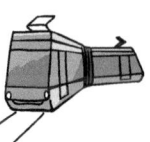

Tramwaj
........................
villamos

Wagon
........................
vagon

Helikopter
.............
helikopter

Lotnisko
.............
repülőtér

Wieża
.............
torony

Pasażer
.............
utas

Kontener
.............
konténer

Karton
.............
kartondoboz

Taczka
.............
taliga

Kosz
.............
kosár

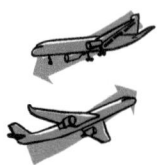

startować / lądować
.............
felszáll / leszáll

## Miasto
## város

Wieś
.............
falu

Centrum miasta
.............
városközpont

Dom
.............
ház

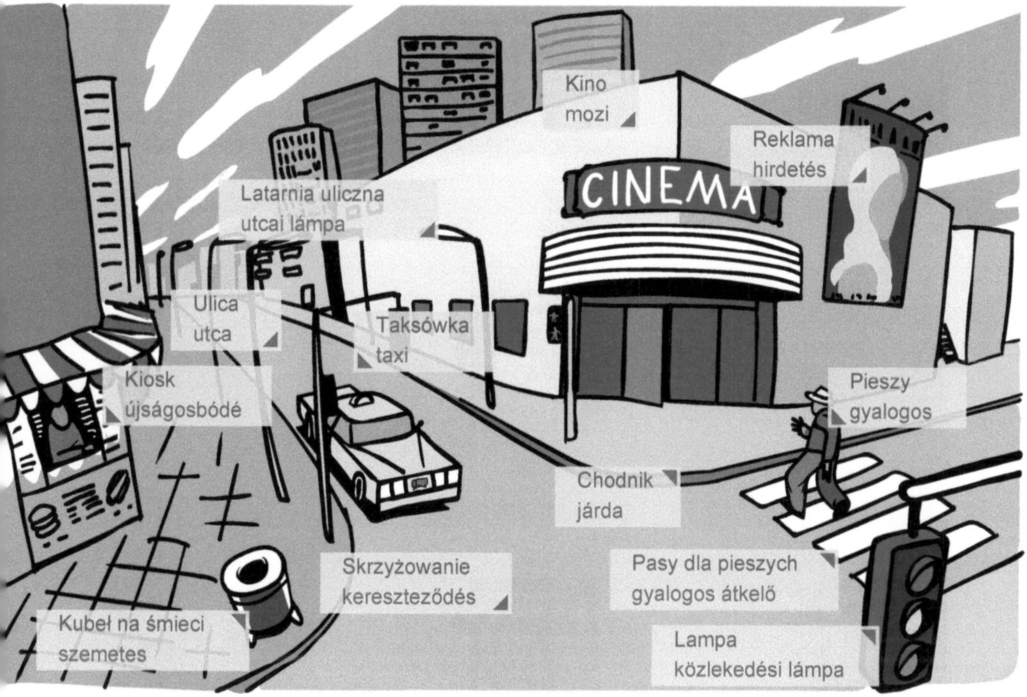

Kino
mozi

Reklama
hirdetés

Latarnia uliczna
utcai lámpa

CINEMA

Ulica
utca

Taksówka
taxi

Pieszy
gyalogos

Kiosk
újságosbódé

Chodnik
járda

Skrzyżowanie
krzyżowanie

Skrzyżowanie
kereszteződés

Pasy dla pieszych
gyalogos átkelő

Kubeł na śmieci
szemetes

Lampa
közlekedési lámpa

Chata
.................
kunyhó

Mieszkanie
.................
lakás

Dworzec
.................
vonatállomás

Ratusz
.................
városháza

Muzeum
.................
múzeum

Szkoła
.................
iskola

Uniwersytet

egyetem

Bank

bank

Szpital

kórház

Hotel

hotel

Apteka

gyógyszertár

Biuro

iroda

Księgarnia

könyvesbolt

Sklep

üzlet

Kwiaciarnia

virágüzlet

Supermarket

szupermarket

Rynek

piac

Dom towarowy

áruház

Sklep z rybami

halárus

Centrum handlowe

bevásárló központ

Port

kikötő

Park
.................
park

Ławka
.................
pad

Most
.................
híd

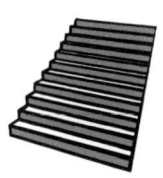

Schody
.................
lépcső

Metro
.................
metró

Tunel
.................
alagút

Przystanek autobusowy
.................
buszmegálló

Bar
.................
bár

Restauracja
.................
étterem

Skrzynka na listy
.................
postaláda

Tabliczka z nazwą ulicy
.................
utcatábla

Parkometr
.................
parkoló óra

Zoo
.................
állatkert

Łaźnia
.................
uszoda

Meczet
.................
mecset

Gospodarstwo chłopskie

gazdálkodás

Zanieczyszczenie środowiska

környezetszennyezés

Cmentarz

temető

Kościół

templom

Plac zabaw

játszótér

Świątynia

szentély

# Krajobraz
## táj

Liść
levél

Drogowskaz
útjelző tábla

Droga
út

Łąka
rét

Kamień
kő

Drzewo
fa

Wędrowiec
túrázó

Rzeka
folyó

Trawa
fű

Kwiat
virág

Dolina

völgy

Góra

domb

Jezioro

tó

Las

erdő

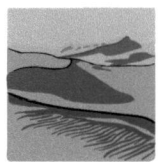

Pustynia

sivatag

Wulkan

vulkán

Zamek

kastély

Tęcza

szivárvány

Grzyb

gomba

Palma

pálmafa

Komar

szúnyog

Mucha

légy

Mrówka

hangya

Pszczoła

méhecske

Pająk

pók

Chrząszcz

bogár

Żaba

béka

Wiewiórka

mókus

Jeż

sündisznó

Zając

nyúl

Sowa

bagoly

Ptak

madár

Łabędź

hattyú

Dzik

vaddisznó

Jeleń

szarvas

Łoś

rénszarvas

Tama

gát

Wiatrak

szélturbina

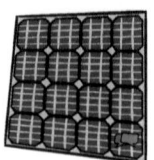

Moduł solarny

napelem

Klimat

éghajlat

# Restauracja
# étterem

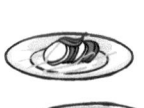

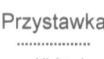

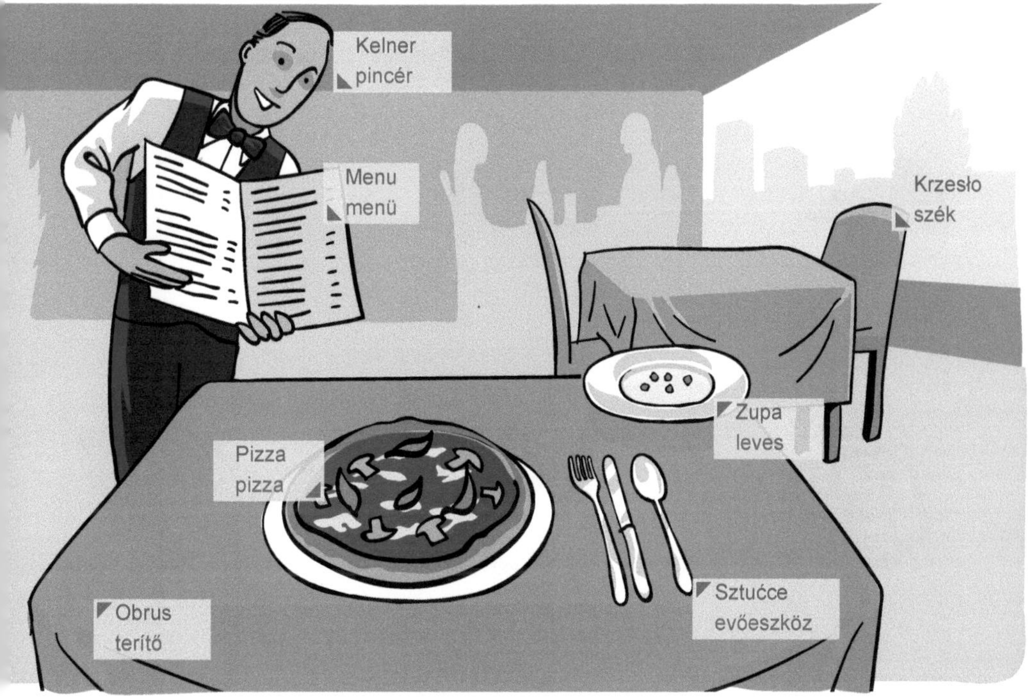

Kelner
pincér
Menu
menü
Krzesło
szék
Zupa
leves
Pizza
pizza
Sztućce
evőeszköz
Obrus
terítő


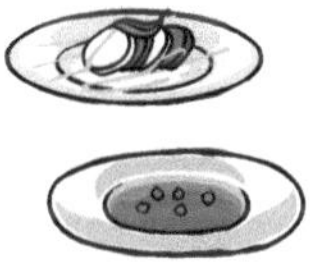

Przystawka

előétel

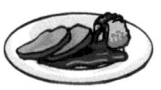

Danie główne

főétel

Deser

desszert

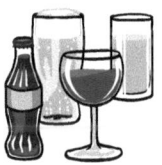

Napoje

italok

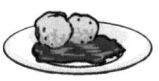

Jedzenie

étel

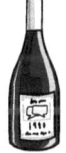

Butelka

üveg

Fastfood
gyorsétel

Streetfood
gyorsétel

Dzbanek na herbatę
teás kanna

Cukierniczka
cukortartó

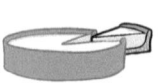

Porcja
adag

Zaparzarka do espresso
eszpresszógép

Krzesło dla dziecka
bárszék

Rachunek
számla

Taca
tálca

Noż
kés

Widelec
villa

Łyżka
kanál

Łyżeczka
teáskanál

Serwetka
szalvéta

Szklanka
pohár

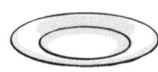

Talerz

tányér

Talerz do zupy

leveses tányér

Podstawek pod filiżankę

csészealj

Sos

szósz

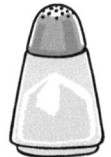

Solniczka

sószóró

Młynek do pieprzu

borsőrlő

Ocet

ecet

Olej

étkezési olaj

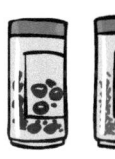

Przyprawy

fűszerek

Keczup

ketchup

Musztarda

mustár

Majonez

majonéz

# Supermarket

# szupermarket

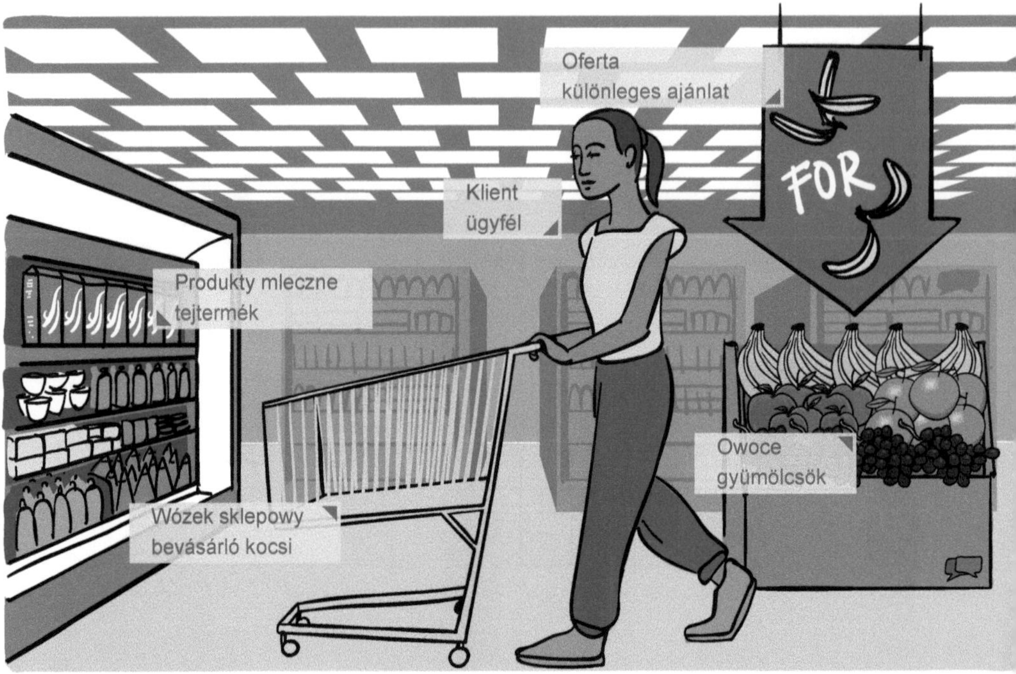

Oferta
különleges ajánlat
FOR
Klient
ügyfél
Produkty mleczne
tejtermék
Owoce
gyümölcsök
Wózek sklepowy
bevásárló kocsi


BUTCHERS


Rzeźnia

hentes

BAKERY


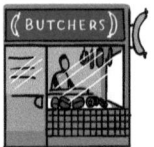

Piekarnia

pékség

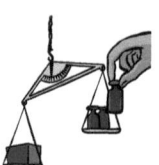

ważyć

nyom valamennyit

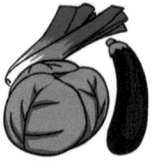

Warzywa

zöldség

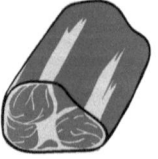

Mięso

hús

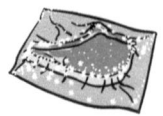

Mrożonki

fagyasztott áru

Wędliny

felvágott

Konserwy

konzerv

Proszek m do prania

mosópor

Słodycze

édességek

Artykuły użytku domowego

háztartási termék

Środek czyszczący

tisztítószerek

Sprzedawczyni

eladó

Kasa

pénztárgép

Kasjer

eladó

Lista zakupów

bevásárló lista

Godziny otwarcia

nyitva tartás

Portfel

levéltárca

Karta kredytowa

hitelkártya

Torba

zacskó

Torebka plastikowa

műanyag zacskó

Woda

víz

Sok

gyümölcslé

Mleko

tej

Cola

kóla

Wino

bor

Piwo

sör

Alkohol

alkohol

Kakao

kakaó

Herbata

tea

Kawa

kávé

Espresso

eszpresszó

Cappuccino

kapucsínó

Banan

banán

Jabłko

alma

Pomarańcza

narancs

Arbuz

sárgadinnye

Cytryna

citrom

Marchew

sárgarépa

Czosnek

fokhagyma

Bambus

bambusz

Cebula

hagyma

Grzyb

gomba

Orzechy

magvak

Makaron

nokedli

Spaghetti

spagetti

Ryż

rizs

Sałatka

saláta

Frytki

sült krumpli

Ziemniaki pieczone

sült burgonya

Pizza

pizza

Hamburger

hamburger

Kanapka

szendvics

Sznycel

hússzelet

Szynka

sonka

Salami

szalámi

Kiełbasa

kolbász

Kura

csirke

Pieczeń

pecsenye

Ryba

hal

Płatki owsiane

zabkása

Musli

müzli

Płatki kukurydziane

kukoricapehely

Mąka

liszt

Croissant

croissant

Bułka

zsemle

Chleb

kenyér

Toast

pirítós kenyér

Ciastka

keksz

Masło

vaj

Twarożek

túró

Ciasto

sütemény

Jajko

tojás

Jajko sadzone

tükörtojás

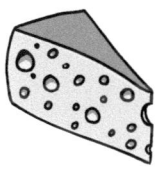

Ser

sajt

Lody

jégkrém

Cukier

cukor

Miód

méz

Marmolada

lekvár

Krem nugatowy

mogyorókrém

Curry

curry

# Gospodarstwo chłopskie
## gazdálkodás

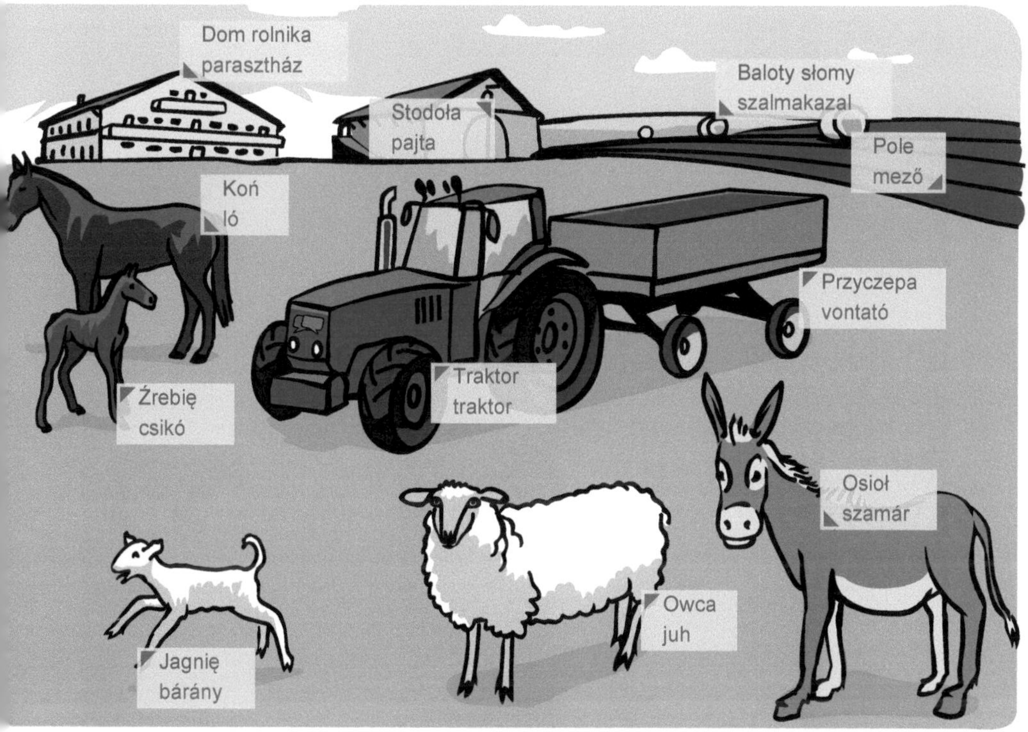
Dom rolnika
parasztház
Stodoła
pajta
Baloty słomy
szalmakazal
Pole
mező
Koń
ló
Przyczepa
vontató
Traktor
traktor
Źrebię
csikó
Osioł
szamár
Owca
juh
Jagnię
bárány

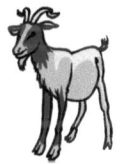

Koza

kecske

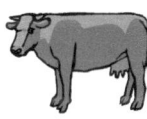

Krowa

tehén

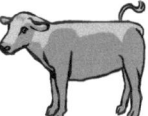

Cielę

borjú

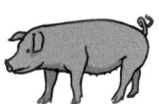

Świnia

malac

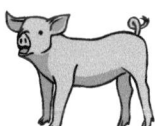

Prosię

kismalac

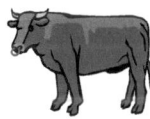

Byk

bika

Gęś
.................
liba

Kaczka
.................
kacsa

Kurczątko
.................
csibe

Kura
.................
tojó

Kogut
.................
kakas

Szczur
.................
patkány

Kot
.................
macska

Mysz
.................
egér

Osioł
.................
ökör

Pies
.................
kutya

Buda dla psa
.................
kutyaház

Wąż ogrodowy
.................
kerti öntözőcső

Konewka
.................
öntözőkanna

Kosa
.................
kasza

Pług
.................
eke

Sierp
sarló

Graca
kapa

Widły
vasvilla

Siekiera
fejsze

Taczka
talicska

Koryto
teknö

Kanka na mleko
tejes kancsó

Worek
zsák

Płot
kerítés

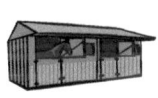

Stajnia
istálló

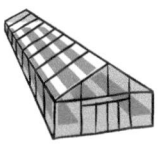

Szklarnia
üvegház

Ziemia
talaj

Nasiona
vetőmag

Nawóz
trágya

Kombajn zbożowy
cséplőgép

zbierać

szüretelni

Żniwa

betakarítás

Podchrzyn

yamgyökér

Pszenica

búza

Soja

szója

Ziemniak

burgonya

Kukurydza

kukorica

Rzepak

repcemag

Drzewo owocowe

gyümölcsfa

Maniok

manióka

Zboże

gabona

Komin
kémény

Dach
tető

Rynna deszczowa
eresz

Okno
ablak

Garaż
garázs

Dzwonek
ajtócsengő

Drzwi
ajtó

Wiaderko na śmieci
szemetes

Skrzynka na listy
postaláda

Ogród
kert

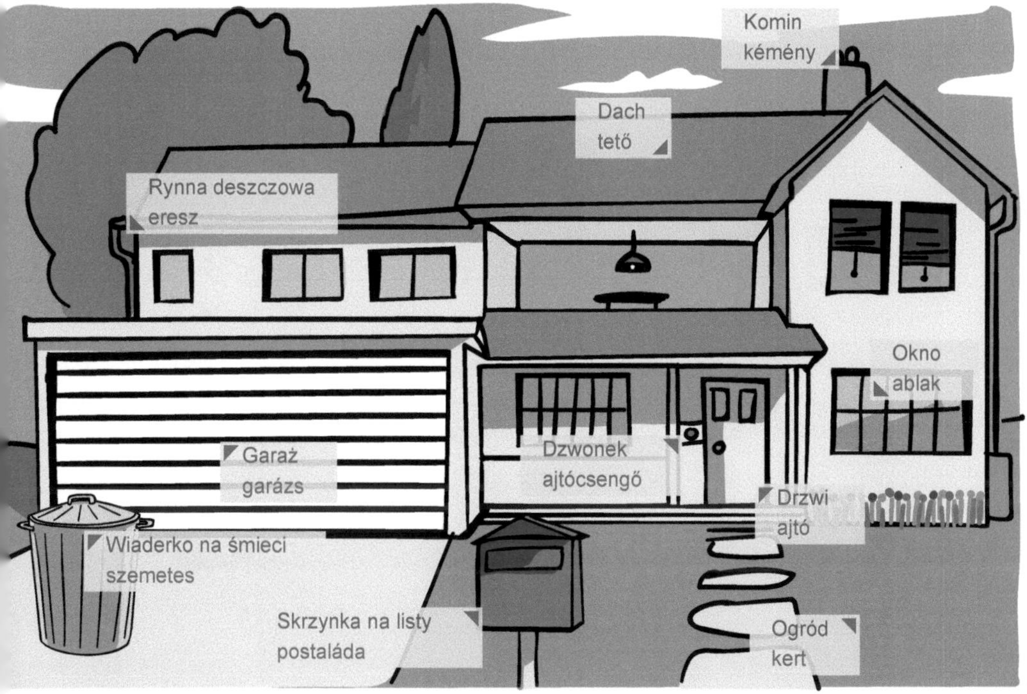

Pokój dzienny
.................
nappali

Łazienka
.................
fürdőszoba

Kuchnia
.................
konyha

Sypialnia
.................
hálószoba

Pokój dziecięcy
.................
gyerekszoba

Jadalnia
.................
ebédlő

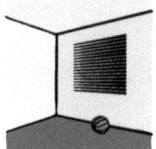

Ziemia

padló

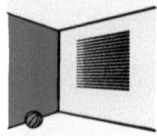

Ściana

fal

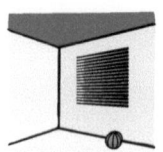

Koc

plafon

Piwnica

pince

Sauna

szauna

Balkon

erkély

Taras

terasz

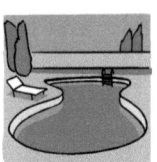

Basen

medence

Kosiarka do trawy

fűnyíró

Poszwa

lepedő

Kołdra

ágytakaró

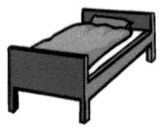

Łóżko

ágy

Miotła

seprű

Wiadro

vödör

Włącznik

kapcsoló

# Pokój dzienny
## nappali

Tapeta
tapéta
Obraz
kép
Lampa
lámpa
Regał
polc
Szafa
szekrény
Komin
kandalló
Telewizor
televízió
Kwiat
virág
Poduszka
párna
Kanapa
kanapé
Wazon
váza
Pilot
távirányító


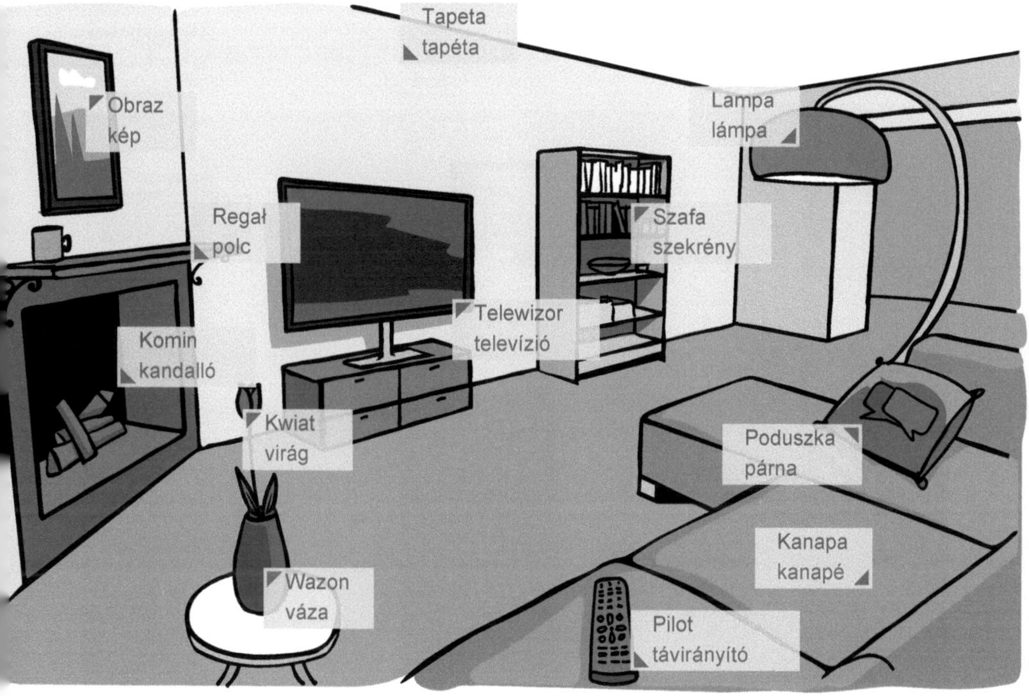

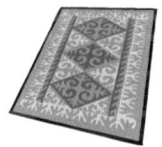

Dywan

szőnyeg

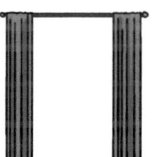

Zasłona

függöny

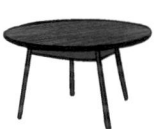

Stół

asztal

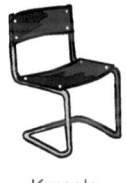

Krzesło

szék

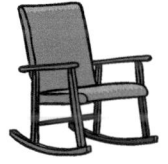

Bujak

hintaszék

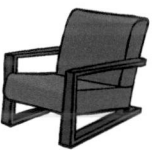

Fotel

karosszék

Książka

könyv

Sufit

takaró

Dekoracja

dekoráció

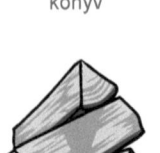

Drewno kominkowe

tűzifa

Film

film

Instalacja stereo

hifi

Klucz

kulcs

Gazeta

újság

Malunek

festmény

Plakat

poszter

Radio

rádió

Notatnik

jegyzetfüzet

Odkurzacz

porszívó

Kaktus

kaktusz

Świeczka

gyertya

# Kuchnia
## konyha

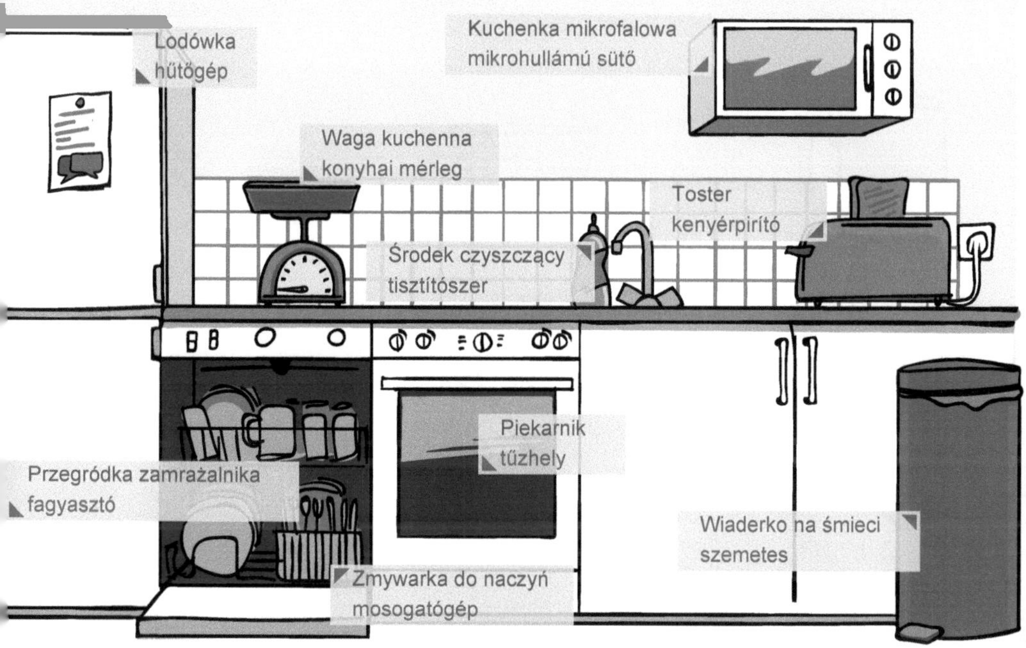

Lodówka
hűtőgép
Kuchenka mikrofalowa
mikrohullámú sütő
Waga kuchenna
konyhai mérleg
Toster
kenyérpirító
Środek czyszczący
tisztítószer
Piekarnik
tűzhely
Przegródka zamrażalnika
fagyasztó
Wiaderko na śmieci
szemetes
Zmywarka do naczyń
mosogatógép


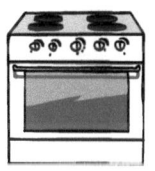

Kuchenka

tűzhely

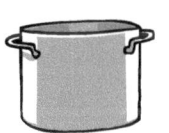

Garnek

edény

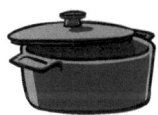

Kocioł żeliwny

vasfazék

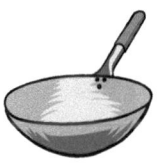

Wok / Kadai

wok / kadai

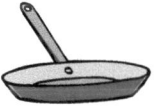

Patelnia

serpenyő

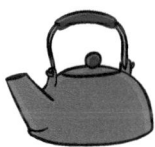

Czajnik

vízforraló

Parowar

pároló

Blacha do pieczenia

tepsi

Naczynia kuchenne

étkészlet

Kubek

bögre

Miska

tálka

Pałeczki

evőpálcika

Nabierka

merőkanál

Łopatka do smażenia

keverőlapátka

Trzepaczka do śmietany

habverő

Cedzak

szűrő

Sitko

szita

Tarka

reszelő

Moździerz

mozsár

Grillowanie

grillsütő

Palenisko

kandalló

Deska

vágódeszka

Wałek do ciasta

sodrófa

Korkociąg

dugóhúzó

Puszka

doboz

Otwieracz do puszek

konzervnyitó

Ściereczka do trzymania garnka

edényfogó

Umywalka

mosogató

Szczotka

kefe

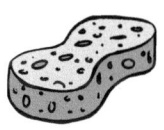

Gąbka

szivacs

Mikser

turmixgép

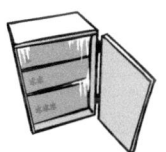

Zamrażarka

mélyhűtő

Butelka dla niemowlęcia

cumisüveg

Kran

csap

Kuchnia - konyha

# Łazienka
## fürdőszoba

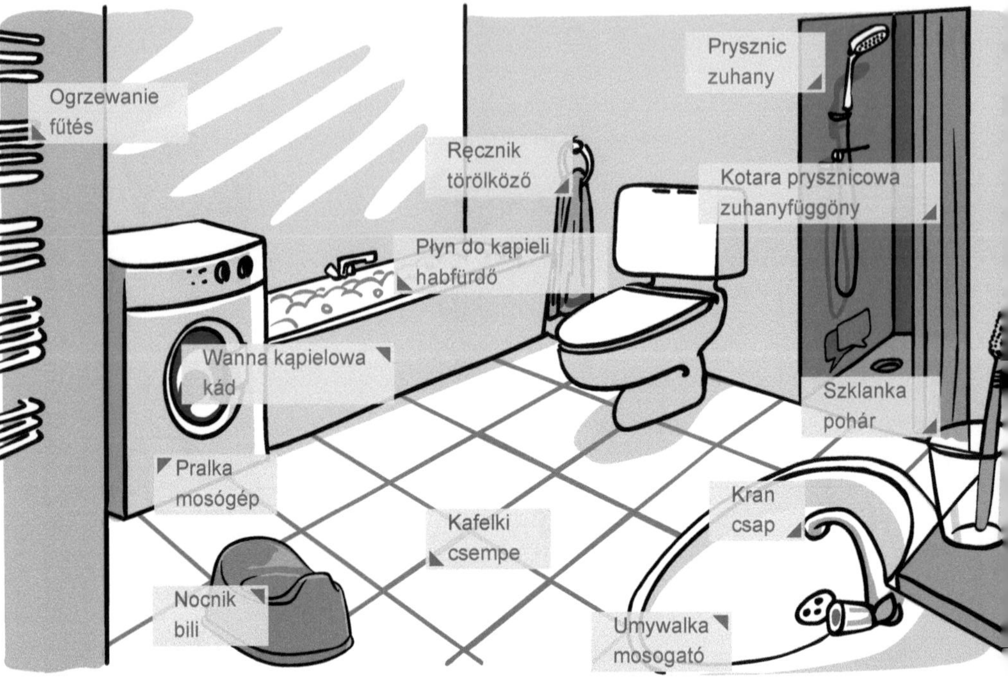

Ogrzewanie
fűtés
Ręcznik
törölköző
Prysznic
zuhany
Kotara prysznicowa
zuhanyfüggöny
Płyn do kąpieli
habfürdő
Wanna kąpielowa
kád
Szklanka
pohár
Pralka
mosógép
Kran
csap
Kafelki
csempe
Nocnik
bili
Umywalka
mosogató


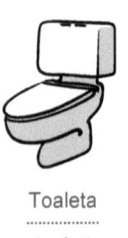

Toaleta
toalett

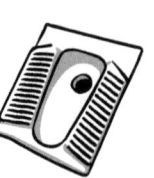

Toaleta kuczna
guggolós toalett

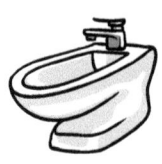

Bidet
bidé

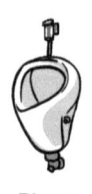

Pisuar
piszoár

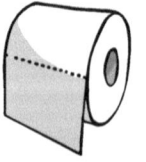

Papier toaletowy
toalett papír

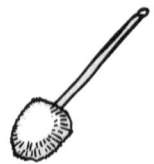

Szczotka toaletowa
wc kefe

Szczoteczka do zębów

fogkefe

Pasta do zębów

fogkrém

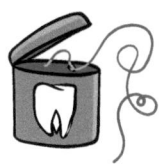

Nitki do czyszczenia zębów

fogselyem

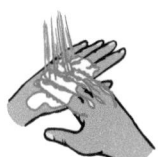

myć

mosni

Głowica prysznicowa

kézi zuhany

Płyn kąpielowy do higieny intymnej

intimzuhany

Miska do mycia

mosdótál

Szczotka kąpielowa

hátmosó kefe

Mydło

szappan

Żel prysznicowy

tusfürdő

Szampon

sampon

Rękawica kąpielowa

mosdókesztyű

Odpływ

lefolyó

Krem

krém

Dezodorant

dezodor

Lustro

tükör

Lustro kosmetyczne

kézitükör

Golarka

borotva

Pianka do golenia

borotvahab

Woda po goleniu

borotválkozás utáni
arcszesz

Grzebień

fésü

Szczotka

hajkefe

Suszarka do włosów

hajszárító

Spray do włosów

hajlakk

Makijaż

smink

Pomadka

ajakrúzs

Lakier do paznokci

körömlakk

Wata

vatta

Nożyczki do paznokci

körömvágó olló

Perfum

parfüm

Kosmetyczka

neszesszer

Taboret

sámli

Waga

mérleg

Szlafrok kąpielowy

köntös

Rękawice gumowe

gumikesztyű

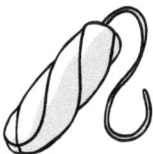

Tampon

tampon

Podpaska damska

egészségügyi betét

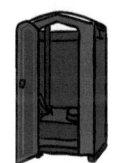

Toaleta chemiczna

vegyi WC

# Pokój dziecięcy
# gyerekszoba

Budzik
ébresztő óra
Pluszowa przytulanka
plüssállat
Samochodzik
játékautó
Grzechotka
csörgő
Domek dla lalek
babaház
Prezent
ajándék


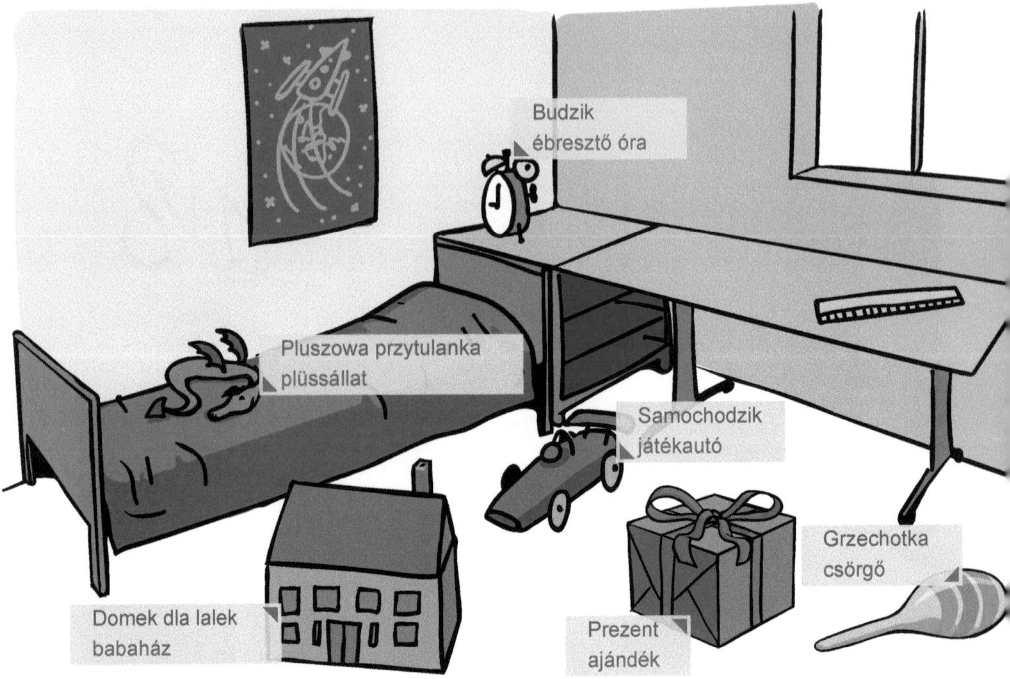

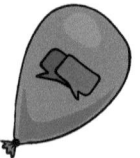

Balon

lufi

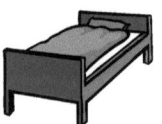

Łóżko

ágy

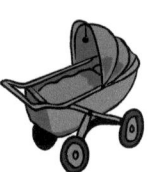

Wózek dziecięcy

babakocsi

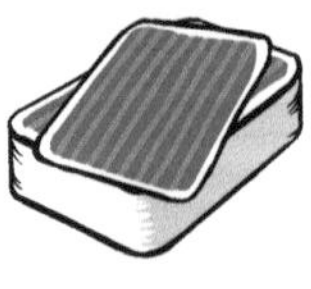

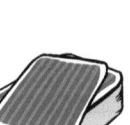

Gra w karty

kártyapakli

Puzzle

kirakós játék

SUPER
MEGA


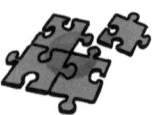

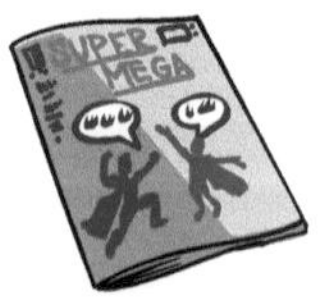

Komiks

képregény

Klocki lego

építőkockák

Klocki

építőelem

Action figura

szuperhős

Śpioszek dziecięcy

rugdalózó

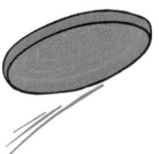

Frisbee

frizbi

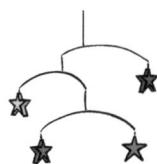

Zabawki ruchome

zenélő forgó

Gra planszowa

társasjáték

Kości

kocka

Kolejka elektryczna

modellvasút

Smoczek

cumi

Przyjęcie

zsúr

Książka z ilustracjami

képeskönyv

Piłka

labda

Lalka

baba

bawić się

játszani

Piaskownica

homokozó

Huśtawka

hinta

Zabawki

játékok

Konsola do gier

videójáték konzol

Rowerek trójkołowy

tricikli

Pluszowy miś

teddi maci

Szafa ubraniowa

ruhásszekrény

# Ubiór

## ruházat

Skarpety

zokni

Pończochy

harisnya

Rajstopy

harisnyanadrág

Szal
sál

Parasol
esernyő

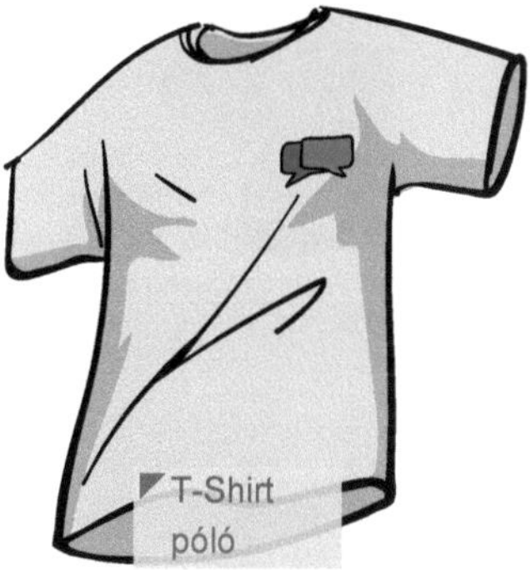

T-Shirt
póló

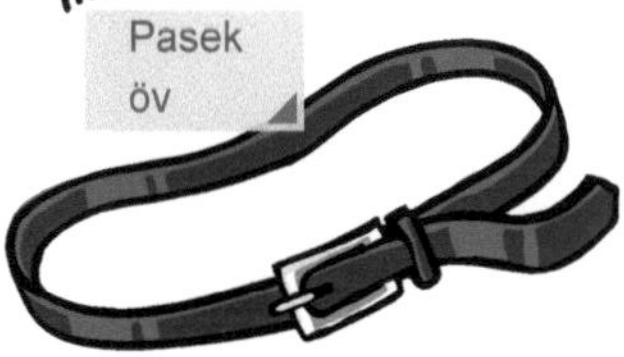

Pasek
öv

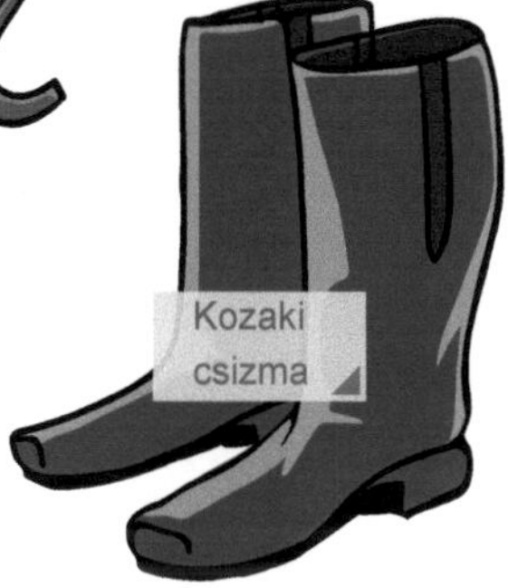

Kozaki
csizma

Pantofle domowe
papucs

Obuwie sportowe
tornacipő

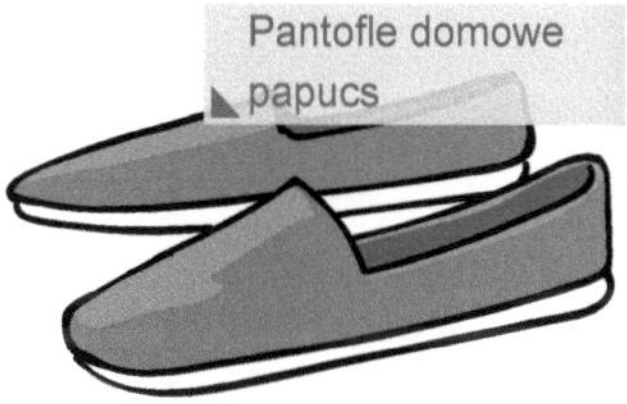

Sandały
..............
szandál

Buty
..............
cipő

Kalosze
..............
gumicsizma

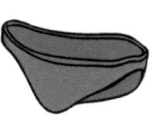

Majtki
..............
alsónadrág

Biustonosz
..............
melltartó

Podkoszulek
..............
mellény

Body
body

Spodnie
nadrág

Dżins
farmer

Spódnica
szoknya

Bluzka
blúz

Koszula
ing

Pulower
pulóver

Bluza sportowa
kapucnis pulóver

Marynarka
blézer

Kurtka
dzseki

Płaszcz
kabát

Płaszcz przeciwdeszczowy
esőkabát

Kostium
kosztüm

Sukienka
ruha

Suknia ślubna
esküvői ruha

Garnitur męski

öltöny

Koszula nocna

hálóing

Piżama

pizsama

Sari

szári

Chusta na głowę

fejkendő

Turban

turbán

Burka

burka

Kaftan

kaftán

Abaya

abaya

Strój kąpielowy

fürdőruha

Kąpielówki

fürdőnadrág

Krótkie spodnie

rövidnadrág

Dres sportowy

tréningruha

Fartuch

kötény

Rękawiczki

kesztyű

**Guzik**

gomb

**Okulary**

szemüveg

**Bransoletka**

karkötő

**Łańcuszek**

nyaklánc

**Pierścionek**

gyűrű

**Kolczyk**

fülbevaló

**Czapka**

sapka

**Wieszak**

vállfa

**Kapelusz**

kalap

**Krawat**

nyakkendő

**Zamek błyskawiczny**

cipzár

**Kask**

bukósisak

**Szelki**

nadrágtartó

**Mundurek szkolny**

iskolai egyenruha

**Mundur**

egyenruha

Śliniaczek

śliniaczek

elője

Smoczek

cumi

Pieluszka

pelenka

## Biuro
## iroda

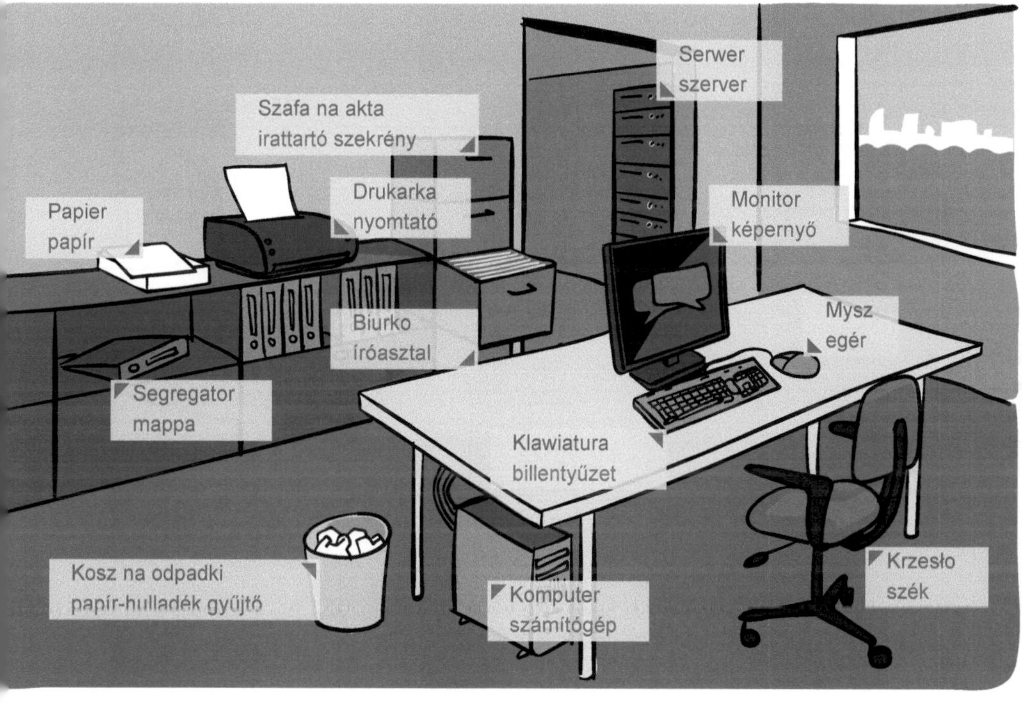

Serwer
szerver

Szafa na akta
irattartó szekrény

Papier
papír

Drukarka
nyomtató

Monitor
képernyő

Biurko
íróasztal

Mysz
egér

Segregator
mappa

Klawiatura
billentyűzet

Kosz na odpadki
papír-hulladék gyűjtő

Komputer
számítógép

Krzesło
szék

Filiżanka do kawy

kávéscsésze

Kalkulator

számológép

Internet

internet

Laptop

laptop

List

levél

Wiadomość

üzenet

Komórka

mobiltelefon

Sieć

hálózat

Kopiarka

fénymásoló

Oprogramowanie

szoftver

Telefon

telefon

Gniazdko

konnektor

Faks

faxgép

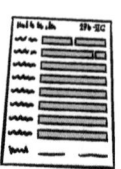

Formularz

formanyomtatvány

Dokument

dokumentum

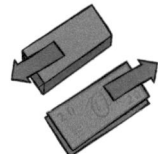

kupić

venni

płacić

fizetni

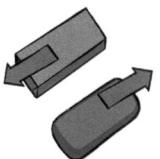

postępować

kereskedni

Pieniądze

pénz

Dolar

dollár

Euro

euró

Jen

jen

Rubel

rubel

Frank

svájci frank

Juan Renminbi

kínai jüan

Rupia

rúpia

Bankomat

bankautomata

Kantor wymiany walut

valutaváltó iroda

Złoto

arany

Srebro

ezüst

Olej

olaj

Energia

energia

Cena

ár

Umowa

szerződés

Podatek

adó

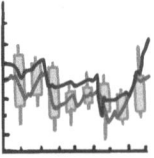

Akcja

részvény

pracować

dolgozni

Pracownik umysłowy

munkavállaló

Pracodawca

munkaadó

Fabryka

gyár

Sklep

üzlet

# Zawody
## foglalkozások

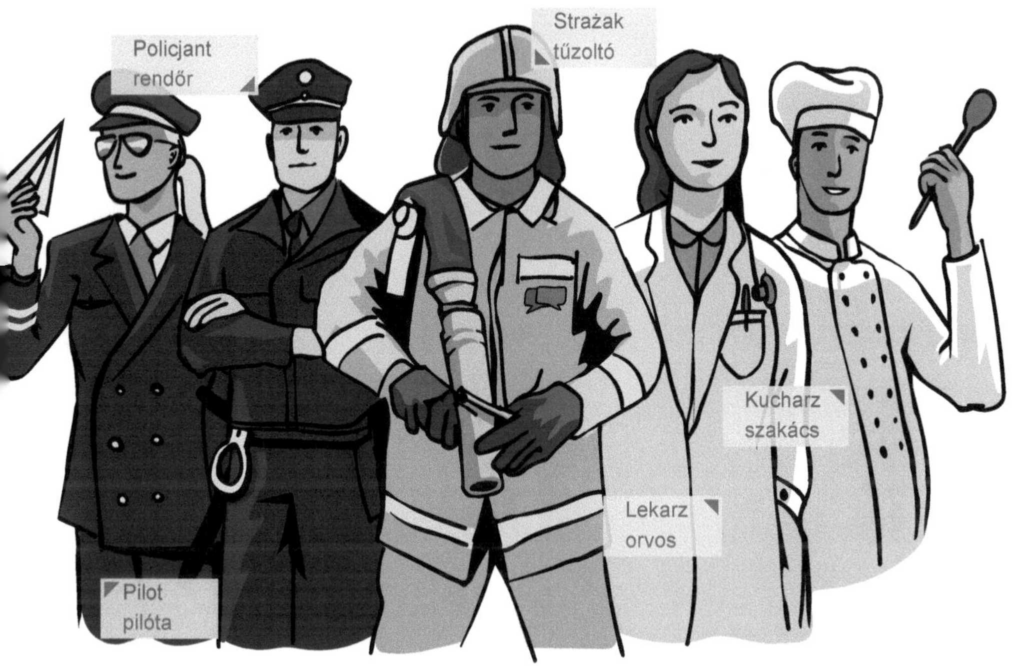
Policjant
rendőr
Strażak
tűzoltó
Kucharz
szakács
Lekarz
orvos
Pilot
pilóta

Ogrodnik

kertész

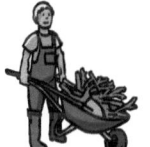

Stolarz

kárpitos

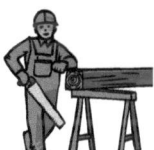

Krawcowa

varrónő

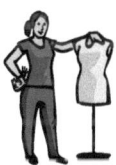

Sędzia

bíró

Chemik

vegyész

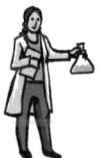

Aktor

színész

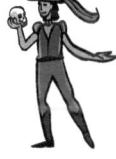

Kierowca autobusu

buszsofőr

Taksówkarz

taxisofőr

Fischer

halász

Sprzątaczka

bejárónő

Dekarz

tetőfedő

Kelner

pincér

Myśliwy

vadász

Malarz

festő

Piekarz

pék

Elektryk

villanyszerelő

Robotnik budowlany

építőmunkás

Inżynier

mérnök

Rzeźnik

hentes

Instalator

vízvezeték-szerelő

Listonosz

postás

Zawody - foglalkozások

Żołnierz
katona

Architekt
építész

Kasjer
eladó

Florysta
virágos

Fryzjer
fodrász

Konduktor
kalauz

Mechanik
műszerész

Kapitan
kapitány

Dentysta
fogorvos

Naukowiec
tudós

Rabin
rabbi

Imam
imám

Mnich
szerzetes

Proboszcz
lelkész

# Narzędzia

## szerszámok

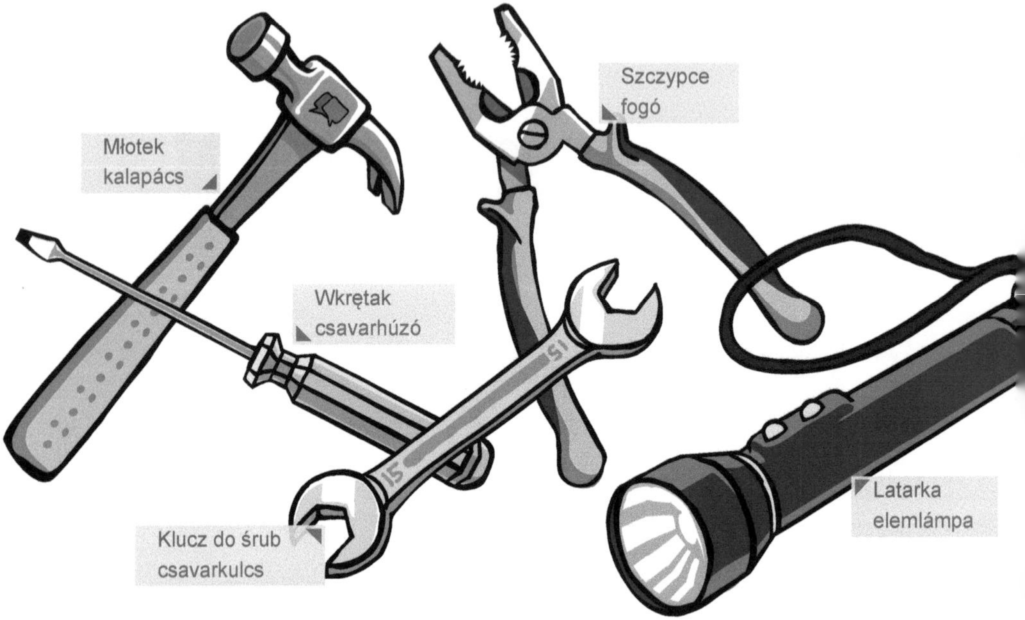

Szczypce
fogó
Młotek
kalapács
Wkrętak
csavarhúzó
Latarka
elemlámpa
Klucz do śrub
csavarkulcs


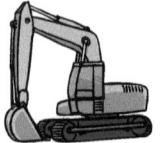

Koparka

markológép

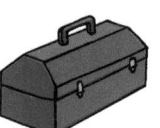

Skrzynka narzędziowa

szerszámosláda

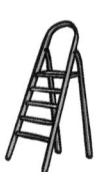

Drabina

vödör

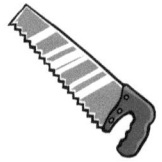

Piła

fűrész

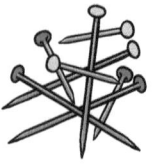

Gwoździe

szög

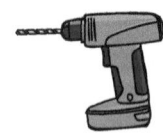

Wiertło

fúrógép

naprawić

megjavítani

Łopatka

lapát

Cholera!

A francba!

Szufelka

szemétlapát

Puszka z farbą

festékesdoboz

Śruby

csavar

## Instrumenty muzyczne
## hangszerek

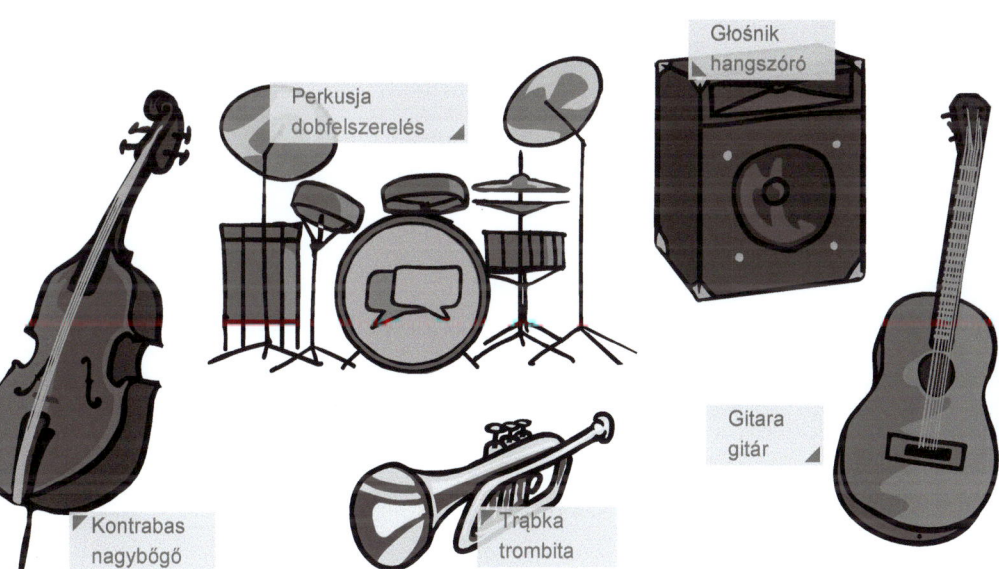

Głośnik
hangszóró

Perkusja
dobfelszerelés

Gitara
gitár

Kontrabas
nagybőgő

Trąbka
trombita

Pianino

zongora

Skrzypce

hegedű

Bas

basszusgitár

Kotły

üstdob

Bęben

dobok

Keyboard

digitális zongora

Saksofon

szaxofon

Flet

fuvola

Mikrofon

mikrofon

# Zoo
# állatkert

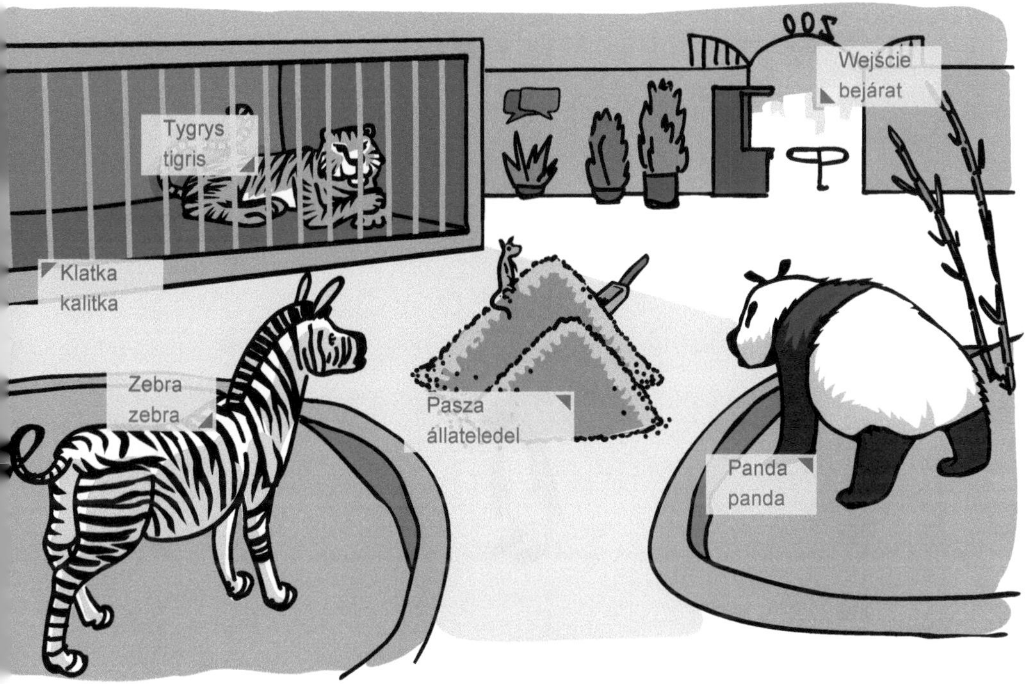
Tygrys
tigris
Wejście
bejárat
Klatka
kalitka
Zebra
zebra
Pasza
állateledel
Panda
panda

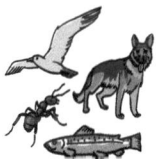

Zwierzęta

állatok

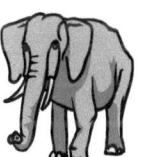

Słoń

elefánt

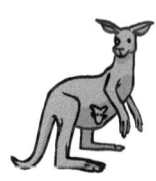

Kangur

kenguru

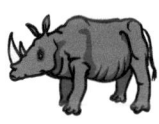

Nosorożec

orrszarvú

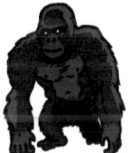

Goryl

gorilla

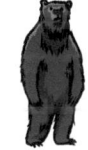

Niedźwiedź

medve

Wielbłąd

teve

Struś

strucc

Lew

oroszlán

Małpa

majom

Fleming

flamingó

Papuga

papagáj

Niedźwiedź polarny

jegesmedve

Pingwin

pingvin

Rekin

cápa

Paw

páva

Wąż

kígyó

Krokodyl

krokodil

Dozorca w zoo

állatgondozó

Foka

fóka

Jaguar

jaguár

Kucyk

póniló

Gepard

leopárd

Hipopotam

víziló

Żyrafa

zsiráf

Orzeł

sas

Dzik

vaddisznó

Ryba

hal

Żółw

teknős

Mors

rozmár

Lis

róka

Gazela

gazella

Futbol amerykański
amerikai futball

Kolarstwo
kerékpározás

Tenis
tenisz

Koszykówka
kosárlabda

Pływanie
úszás

Boks
boksz

Hokej na lodzie
jégkorong

Piłka nożna
futball

Badminton
tollas

Lekka atletyka
atlétika

Piłka ręczna
kézilabda

Narciarstwo
síelés

Polo
lovaspóló

# Działania
# tevékenységek

śmiać się
nevetni
skakać
ugrani
objąć
ölelni
iść
sétálni
śpiewać
énekelni
marzyć
álmodni
modlić się
dicsérni
całować
csókolni


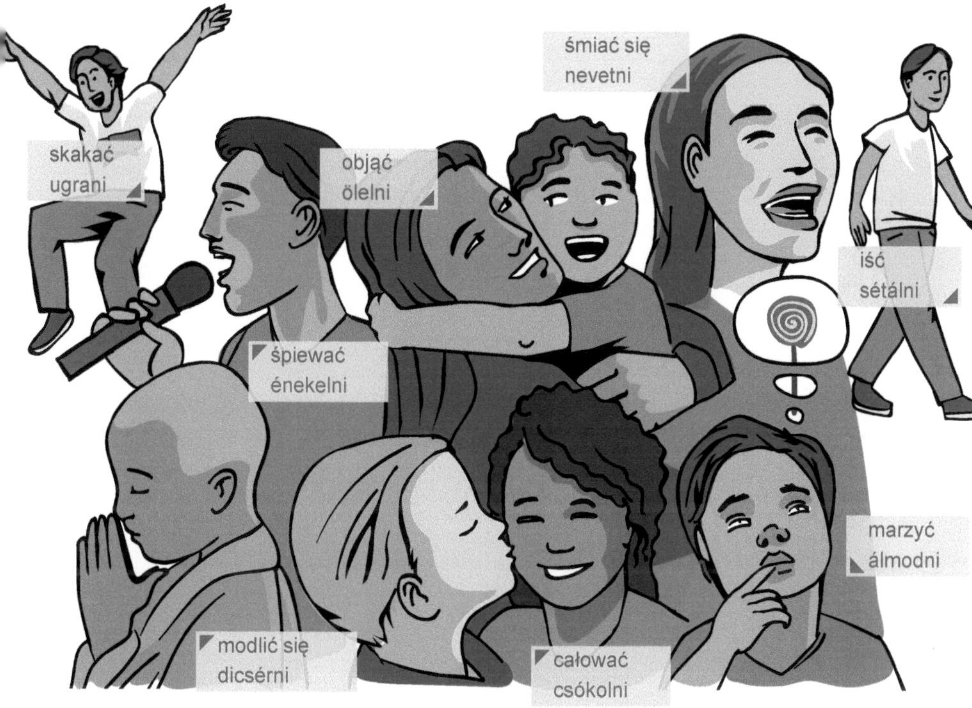

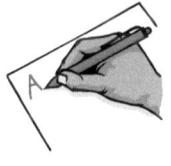

pisać
..................
írni

rysować
..................
rajzolni

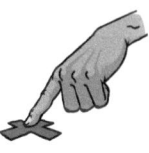

pokazywać
..................
mutatni

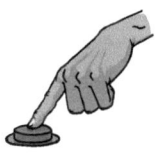

nacisnąć
..................
tolni

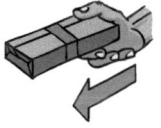

dać
..................
adni

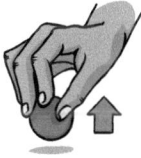

wziąć
..................
vinni

mieć

birtokolni

robić

csinálni

być

lenni

stać

állni

biegać

futni

ciągnąć

húzni

rzucać

hajít

spaść

esni

leżeć

hazudni

czekać

várni

nosić

vinni

siedzieć

ülni

zakładać

felvenni

spać

aludni

budzić się

felébredni

spojrzeć
ránézni

płakać
sírni

głaskać
simogat

czesać się
fésülni

mówić
beszélni

rozumieć
megérteni

pytać
kérdezni

słyszeć
hallgatni

pić
inni

jeść
enni

sprzątać
takarítani

kochać
szeretni

gotować
főzni

jechać
vezetni

latać
szállni

żeglować

vitorlázni

liczyć

számol

czytać

olvasni

uczyć się

tanulni

pracować

dolgozni

wejść w związek małżeński

házasodni

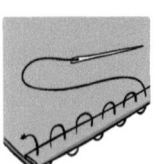

szyć

varrni

myć zęby

fogat mosni

zabić

ölni

palić tytoń

dohányozni

wysłać

küldeni

# Rodzina
# család

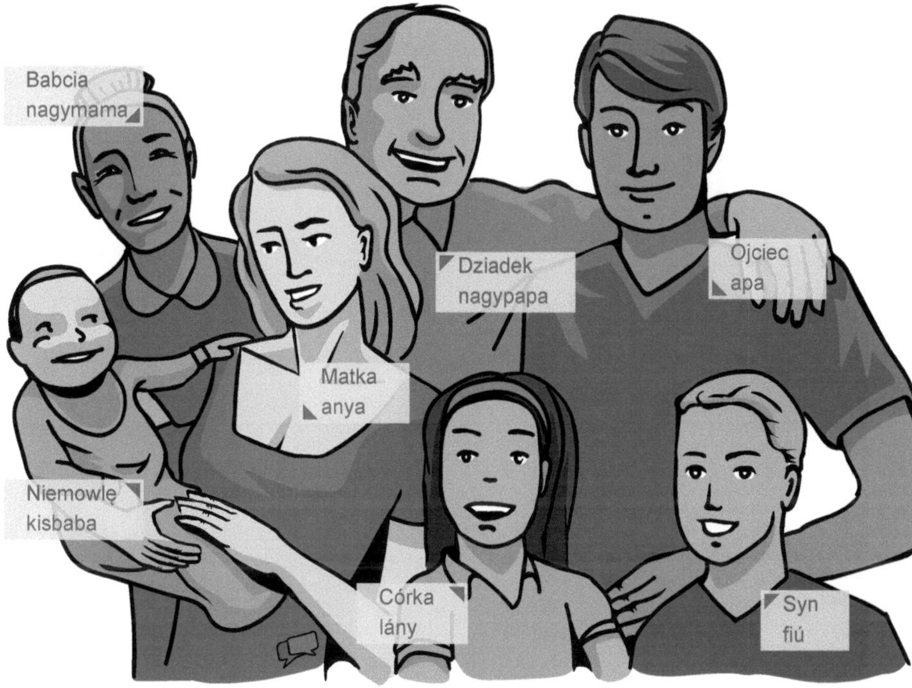
Babcia
nagymama
Dziadek
nagypapa
Ojciec
apa
Matka
anya
Niemowlę
kisbaba
Córka
lány
Syn
fiú

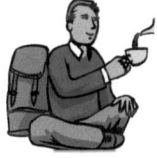

Gość

vendég

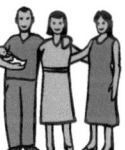

Ciotka

nagynéni

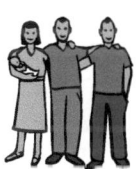

Wujek

nagybácsi

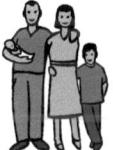

Brat

fiútestvér

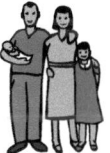

Siostra

lánytestvér

# Ciało

## test

Czoło
homlok
Oko
szem
Twarz
arc
Broda
áll
Pierś
mell
Palec
ujj
Ręka
kéz
Ramię
kar
Ramię
váll
Noga
láb


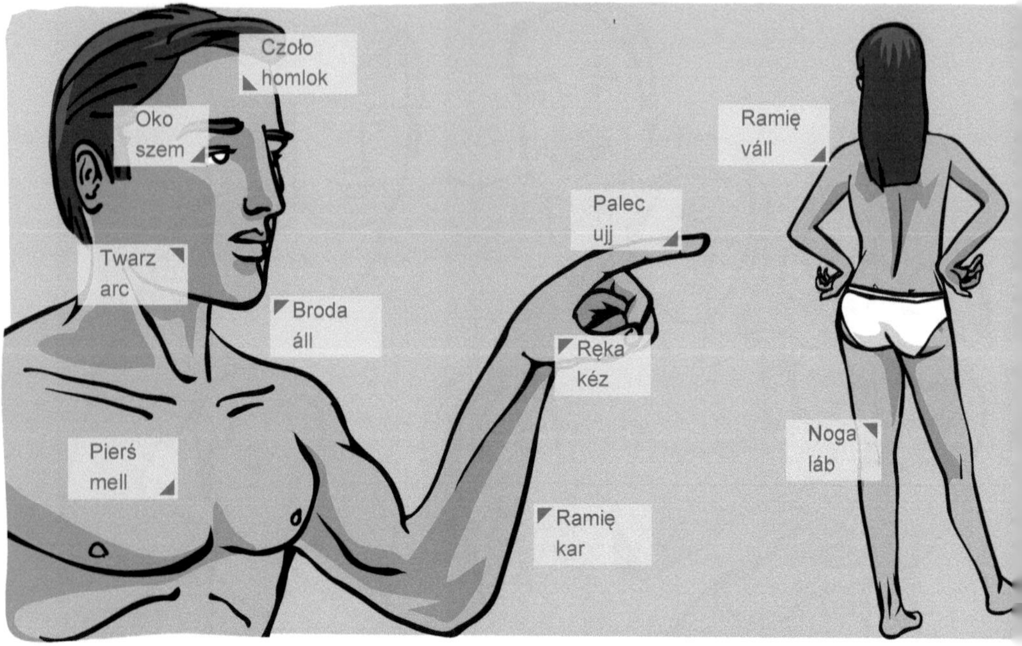

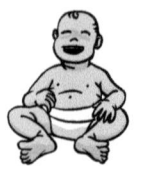

Niemowlę
kisbaba

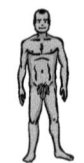

Mężczyzna
ember

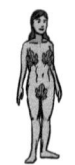

Kobieta
nő

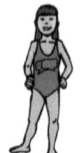

Dziewczyna
lány

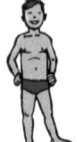

Chłopiec
fiú

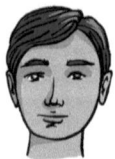

Głowa
fej

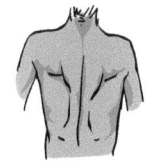

| | | |
|---|---|---|
| Plecy | Brzuch | Pępek |
| hát | has | köldök |

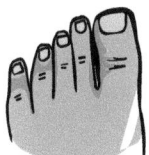
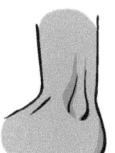
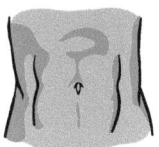

| | | |
|---|---|---|
| palec nogi | Pięta | Kość |
| lábujj | sarok | csont |

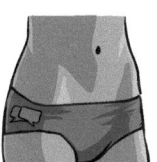
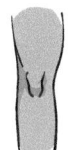
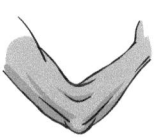

| | | |
|---|---|---|
| Biodro | Kolano | Łokieć |
| csípő | térd | könyök |

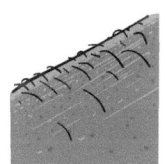

| | | |
|---|---|---|
| Nos | Pośladki | Skóra |
| orr | fenék | bőr |

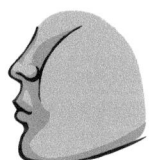
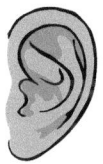

| | | |
|---|---|---|
| Policzek | Uszy | Warga |
| orca | fül | ajak |

Usta
.....................
száj

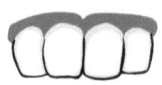

Ząb
.....................
fog

Język
.....................
nyelv

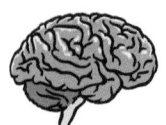

Mózg
.....................
agy

Serce
.....................
szív

Mięsień
.....................
izom

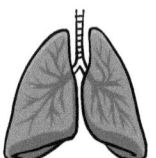

Płuca
.....................
tüdő

Wątroba
.....................
máj

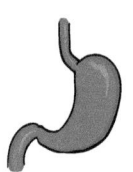

Żołądek
.....................
gyomor

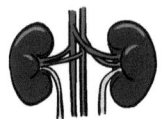

Nerki
.....................
vese

Stosunek płciowy
.....................
szex

Kondom
.....................
kondom

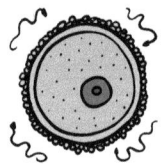

Komórka jajowa
.....................
petesejt

Sperma
.....................
sperma

Ciąża
.....................
terhesség

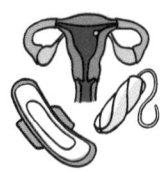

Menstruacja

menstruáció

Wagina

vagina

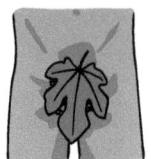

Penis

pénisz

Brew

szemöldök

Włosy

haj

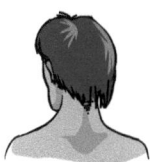

Szyja

nyak

# Szpital
# kórház

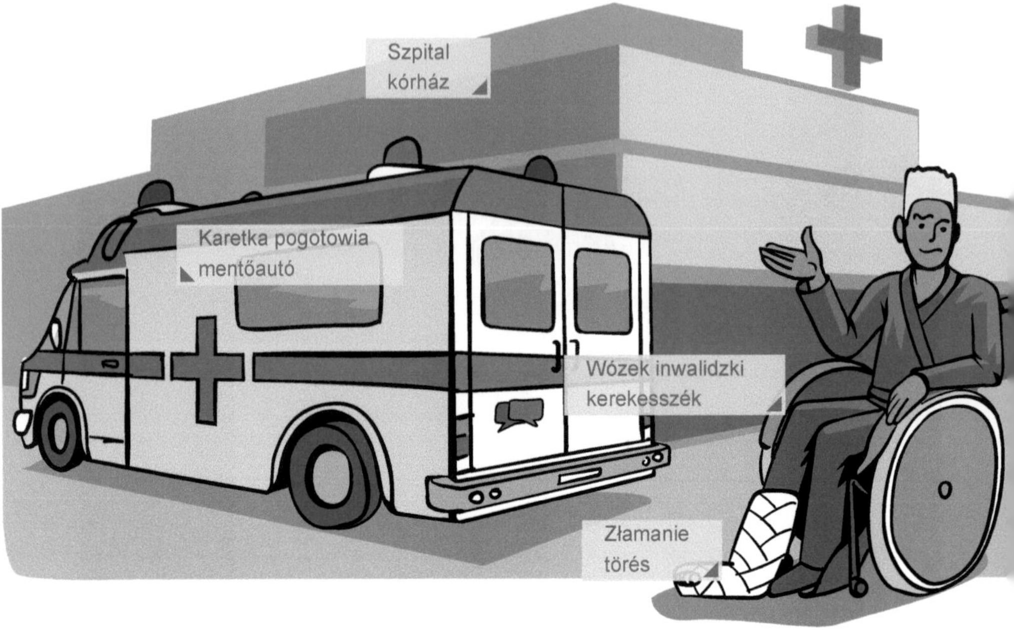

Szpital
kórház
Karetka pogotowia
mentőautó
Wózek inwalidzki
kerekesszék
Złamanie
törés


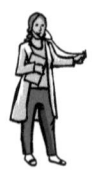

Lekarz
orvos

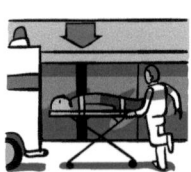

Izba przyjęć
sürgősségi osztály

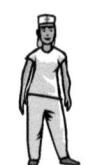

Pielęgniarka
ápoló

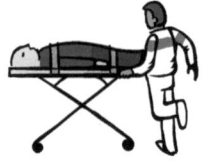

Nagły przypadek
vészhelyzet

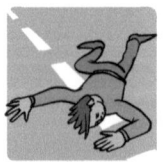

nieprzytomny
eszméletlen

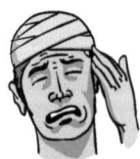

Ból
fájdalom

Skaleczenie

sérülés

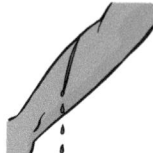

Krwawienie

vérzés

Zawał serca

szívroham

Udar mózgu

szélütés

Alergia

allergia

Kaszleć

köhögés

Gorączka

láz

Grypa

influenza

Biegunka

hasmenés

Ból głowy

fejfájás

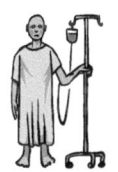

Rak

rák

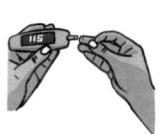

Cukrzyca

cukorbetegség

Chirurg

sebész

Skalpel

szike

Operacja

műtét

CT

CT

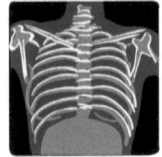

Rentgen

röntgen

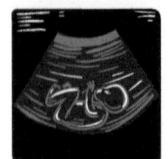

Ultradźwięki

ultrahang

Maska

arcmaszk

Choroba

betegség

Poczekalnia

váróterem

Kula

mankó

Plaster

sebtapasz

Opatrunek

kötszer

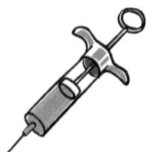

Iniekcja

injekció

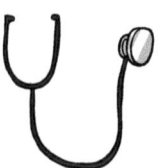

Stetoskop

sztetoszkóp

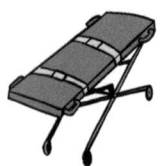

Nosze

hordágy

Termometr

klinikai hőmérő

Poród

születés

Nadwaga

túlsúly

| | | |
|---|---|---|
| 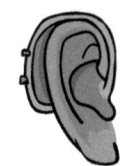 |  |  |
| Aparat słuchowy | Środek dezynfekcyjny | Infekcja |
| hallókészülék | fertőtlenítőszer | fertőzés |
|  |  |  |
| Wirus | HIV / AIDS | Medycyna |
| vírus | HIV/AIDS | orvosság |
| 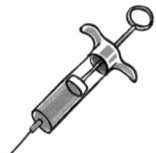 | 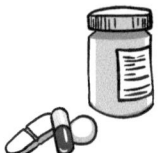 |  |
| Szczepienie | Tabletki | Pigułka |
| oltás | tabletták | tabletta |
|  |  |  |
| Telefon ratunkowy | Ciśnieniomierz krwi | chory / zdrowy |
| sürgősségi hívás | vérnyomásmérő | betegség / egészség |

Pomocy!

Segítség!

Alarm

riasztás

Napad

rajtaütés

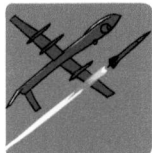

Atak

támadás

Niebezpieczeństwo

veszély

Wyjście awaryjne

vészkijárat

Pożar!

tűz!

Gaśnica

tűzoltókészülék

Wypadek

baleset

Walizeczka pierwszej pomocy

elsősegélycsomag

SOS

SOS

Policja

rendőrség

Europa

Európa

Ameryka Północna

Észak-Amerika

Ameryka Południowa

Dél-Amerika

Afryka

Afrika

Azja

Ázsia

Australia

Ausztrália

Atlantyk

Atlanti-óceán

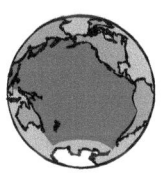

Pacyfik

Csendes-óceán

Ocean Indyjski

Indiai-óceán

Ocean Antarktyczny

Déli-óceán

Ocean Arktyczny

Jeges-tenger

Biegun północny

Északi-sark

Biegun południowy

Déli-sark

Antarktyda

Antarktisz

Ziemia

föld

Kraj

szárazföld

Morze

tenger

Wyspa

sziget

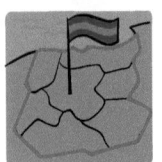

Naród

nemzet

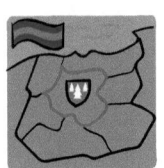

Państwo

állam

Cyferblat

számlap

Wskazówka godzinowa

kismutató

Wskazówka minutowa

nagymutató

Wskazówka sekundowa

másodpercmutató

Która godzina?

Mennyi az idő?

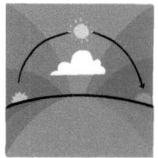

Dzień

nap

Czas

idő

teraz

most

Zegarek digitalny

digitális óra

Minuta

perc

Godzina

óra

# Tydzień
## hét

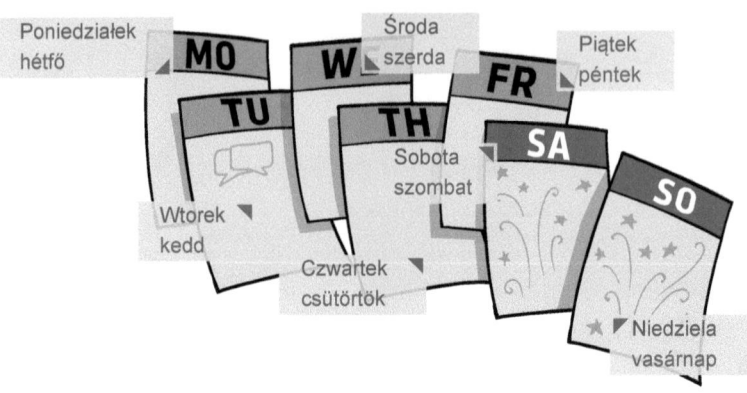

Poniedziałek
hétfő

Środa
szerda

Piątek
péntek

Wtorek
kedd

Sobota
szombat

Czwartek
csütörtök

Niedziela
vasárnap

wczoraj

tegnap

dzisiaj

ma

jutro

holnap

Rano

reggel

Południe

dél

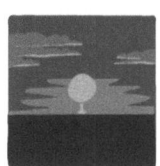

Wieczór

este

| MO | TU | WE | TH | FR | SA | SU |
|----|----|----|----|----|----|----|
| 1 | 2 | 3 | 4 | 5 | 6 | 7 |
| 8 | 9 | 10 | 11 | 12 | 13 | 14 |
| 15 | 16 | 17 | 18 | 19 | 20 | 21 |
| 22 | 23 | 24 | 25 | 26 | 27 | 28 |
| 29 | 30 | 31 | 1 | 2 | 3 | 4 |

Dni robocze

hétköznap

| MO | TU | WE | TH | FR | SA | SU |
|----|----|----|----|----|----|----|
| 1 | 2 | 3 | 4 | 5 | 6 | 7 |
| 8 | 9 | 10 | 11 | 12 | 13 | 14 |
| 15 | 16 | 17 | 18 | 19 | 20 | 21 |
| 22 | 23 | 24 | 25 | 26 | 27 | 28 |
| 29 | 30 | 31 | 1 | 2 | 3 | 4 |

Weekend

hétvége

# Rok

## év

Deszcz
eső
Tęcza
szivárvány
Wiatr
szél
Śnieg
hó
Wiosna
tavasz
Jesień
ősz
Lato
nyár
Zima
tél


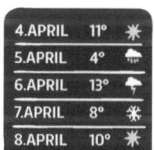

4.APRIL 11°
5.APRIL 4°
6.APRIL 13°
7.APRIL 8°
8.APRIL 10°


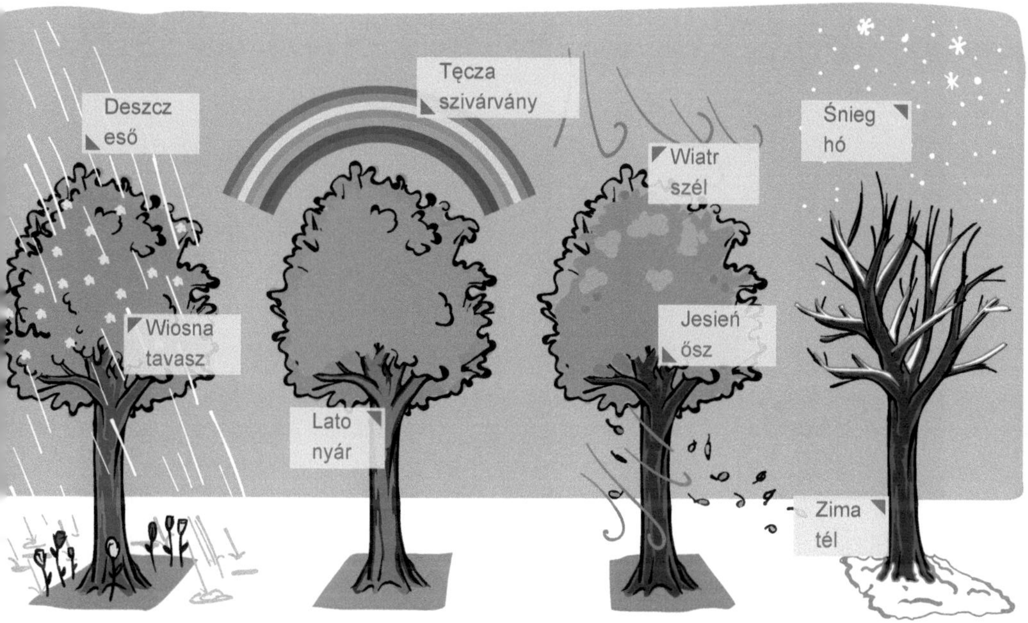

Prognoza pogody

időjárás előrejelzés

F C
120 40
90 30
60 20
30 10
0 0
-30 -10
-20


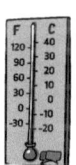

Termometr

hőmérő

Światło słoneczne

napsütés

Chmura

felhő

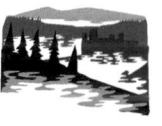

Mgła

köd

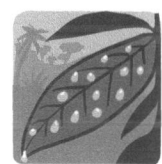

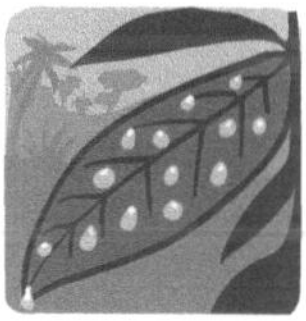

Wilgotność powietrza

páratartalom

Błyskawica

villámlás

Grzmot

mennydörgés

Sztorm

vihar

Grad

jégeső

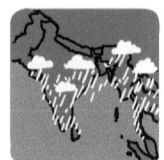

Monsun

monszun

Potop

áradás

Lód

jég

Styczeń

január

Luty

február

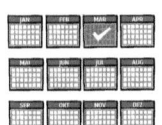

Marzec

március

Kwiecień

április

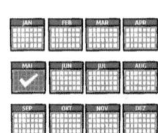

Maj

május

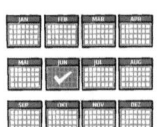

Czerwiec

június

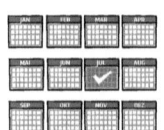

Lipiec

július

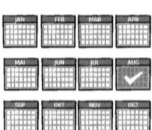

Sierpień

augusztus

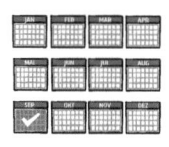

Wrzesień
................
szeptember

Październik
................
október

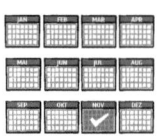

Listopad
................
november

Grudzień
................
december

Koło
................
kör

Kwadrat
................
négyzet

Prostokąt
................
téglalap

Trójkąt
................
háromszög

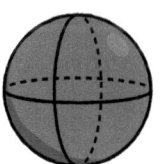

Kula
................
gömb

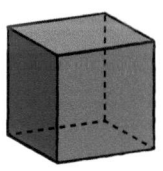

Sześcian
................
kocka

# Kolory
## színek

biały

fehér

żółty

sárga

pomarańczowy

narancs

różowy

rózsaszín

czerwony

piros

liliowy

lila

niebieski

kék

zielony

zöld

brązowy

barna

szary

szürke

czarny

fekete

dużo / mało

sok / kevés

wściekły / spokojny

mérges / nyugodt

piękny / brzydki

szép / csúnya

początek / koniec

kezdet / vég

duży / mały

nagy / kicsi

jasny / ciemny

világos / sötét

brat / siostra

fivér / nővér

czysty / brudny

tiszta / koszos

kompletny / niekompletny

teljes / nem teljes

dzień / noc

nappal / éjszaka

umarły / żywy

halott / élő

szeroki / wąski

széles / keskeny

jadalny / niejadalny

ehető / nem ehető

zły / uprzejmy

gonosz / kedves

podniecony / znudzony

izgatott / unott

gruby / chudy

kövér / vékony

najpierw / na końcu

első / utolsó

przyjaciel / wróg

barát / ellenség

pełen / pusty

teli / üres

twardy / miękki

kemény / puha

ciężki / lekki

nehéz / könnyű

głód / pragnienie

éhség / szomjúság

chory / zdrowy

betegség / egészség

nielegalny / legalny

illegális / legális

inteligentny / głupi

intelligens / buta

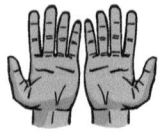

lewo / prawo

bal / jobb

bliski / daleki

közel / távol

nowy / używany

új / használt

nic / coś

semmi / valami

stary / młody

idős / fiatal

włącz / wyłącz

be / ki

otwarty / zamknięty

nyitva / zárva

cichy / głośny

csendes / hangos

bogaty / biedny

gazdag / szegény

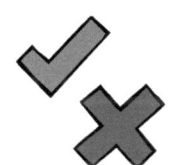

prawidłowy / błędny

helyes / helytelen

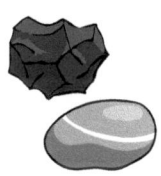

chropowaty / gładki

érdes / sima

smutny / szczęśliwy

szomorú / vidám

krótki / długi

rövid / hosszú

powolny / szybki

lassú / gyors

mokry/suchy

nedves / száraz

ciepły / chłodny

meleg / hideg

wojna / pokój

háború / béke

**0**

zero

nulla

**1**

jeden

egy

**2**

dwa

kettő

**3**

trzy

három

**4**

cztery

négy

**5**

pięć

öt

**6**

sześć

hat

**7**

siedem

hét

**8**

osiem

nyolc

**9**

dziewięć

kilenc

**10**

dziesięć

tíz

**11**

jedenaście

tizenegy

## 12
dwanaście

tizenkettő

## 13
trzynaście

tizenhárom

## 14
czternaście

tizennégy

## 15
piętnaście

tizenöt

## 16
szesnaście

tizenhat

## 17
siedemnaście

tizenhét

## 18
osiemnaście

tizennyolc

## 19
dziewiętnaście

tizenkilenc

## 20
dwadzieścia

húsz

## 100
sto

száz

## 1.000
tysiąc

ezer

## 1.000.000
milion

millió

Angielski

angol

Angielski amerykański

amerikai angol

Chiński mandaryński

mandarin kínai

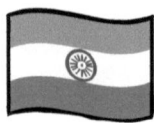

Hindi

hindi

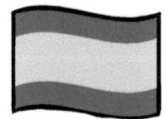

Hiszpański

spanyol

Francuski

francia

Arabski

arab

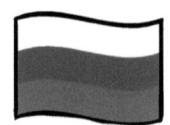

Rosyjski

orosz

Portugalski

portugál

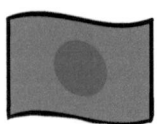

Bengalski

bengáli

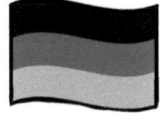

Niemiecki

német

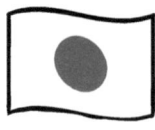

Japoński

japán

ja
én

ty
te

on / ona / ono
ő

my
mi

wy
ti

oni
ők

kto?
ki?

co?
mi?

jak?
hogyan?

gdzie?
hol?

kiedy?
mikor?

Nazwisko
név

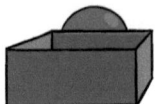

za
...............
mögött

w
...............
benne

przed
...............
elötte

powyżej
...............
felette

na
...............
rajta

pod
...............
alatta

obok
...............
mellett

między
...............
között

Miejsce
...............
hely